兵農分離はあったのか

中世から近世へ

平井上総

平凡社

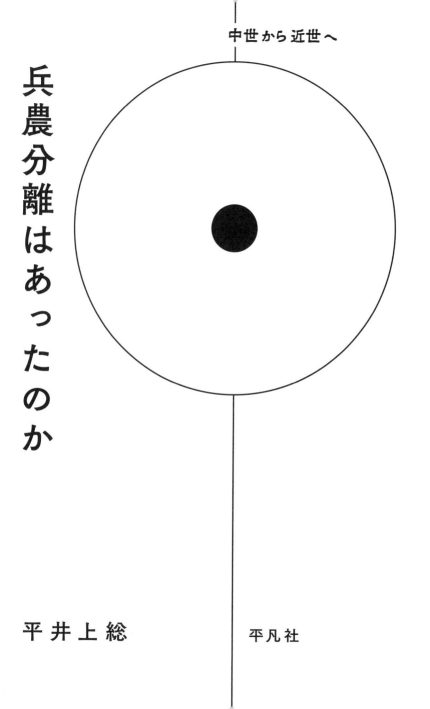

装幀　大原大次郎

兵農分離はあったのか◉目次

〈凡例〉


◉論文や著書を引用した際は、［著者の苗字＋初出年］で出典を表記した（たとえば、筆者平井上総による二〇一七年の著作であれば、［平井二〇一七］となる。同じ年の論考が複数ある場合、「二〇一七A」とアルファベットを付す）。参考文献リストは本書の巻末に付している。

◉引用史料のうち、長いものは現代語訳のみを載せたが、短めのものや、長くても原文の解釈が議論となる場合は、原文・読み下し・現代語訳をセットで記した。

◉引用史料の読み下しでは、読みやすさを考慮して、漢字やカタカナを一部ひらがなに改めたり、歴史的仮名づかいを現代仮名づかいに改めたり、濁点を付したりしている。

◉引用史料に、説明のための改行を施したり、番号・傍線などを追加したりした場合がある。また、引用史料は、旧字体・異体字を通常使用する字体に改めるなど、適宜整理して掲載した。

◉引用史料の現代語訳で、（　）でくくっている部分は筆者による補足説明である。

◉史料は原文の表現に忠実に現代語訳したために、敬語表現などがややちぐはぐな文章となってしまったものもある。

◉古文書は本文の他に日付と差出書と署名があるのが普通だが、本書では、特に必要な場合以外は、日付以下を省略して簡素化した。

◉史料の出典は巻末の史料集一覧に記した。なお、よく引用する史料は略称を用いている。

『加賀』…『加賀藩史料』（清文堂出版）各巻。
『○○公紀』…『山内家史料　第一代　一豊公紀』『山内家史料　第二代　忠義公紀』
　『山内家史料　第三代　忠豊公紀』（山内神社宝物資料館）各巻。
『遺文北条』…『戦国遺文　後北条氏編』（東京堂出版）各巻。
『遺文武田』…『戦国遺文　武田氏編』（東京堂出版）各巻。
『中世法』…『中世法制史料集』（岩波書店）各巻。
「蠹簡集」…「土佐国蠹簡集」（『高知県史』古代中世史料編、一九七七年）。
「島津家文書」「浅野家文書」「吉川家文書」「上杉家文書」…『大日本古文書』（東京大
　学出版会）各巻。

はじめに――わかるようでわからない兵農分離

本書のテーマは、タイトルにあるように、兵農分離である。この言葉について、日本史にあまり詳しくない方は、「よくわからないけど、兵が強くなったんでしょ?」というイメージを持っている場合も多いだろう。一方、日本史研究者の間では、序章でも説明するように、兵農分離は日本の中世社会と近世社会を区別する重要な要素とされており、兵の強弱にとどまらない概念として扱われている。

ただ、その兵農分離という概念に、筆者は曖昧な部分や疑問となる点を多く感じてきた。そこで、筆者なりに兵農分離について考えてみよう、というのが本書である。筆者は中世と近世の移行期とされる織豊期（織田信長と豊臣秀吉の政権の時代。日本史研究者は安土桃山時代という呼称をあまり用いない）を研究しているため、その立場から中世と近世両時代の社会と政策を眺めてみたい。難解な言葉も出てくるが、一般の方でも理解しやすくなるよう、概念図などもいくつか載せている。

ちなみに、本書では兵農分離のうち、兵の部分に多く注目している。兵とは武士と奉公人（雑兵）のことであるが、彼らは一般に、戦場で刀を振り回したり鉄砲を撃ったりしているイメージばかりが持たれがちである。しかし、特に武士の場合、天下人や大名の家臣として平時のさまざまな職務に従事する側面や、領主として自分の領地を支配する側面もあるから、戦場での働きだけを強調するのは誤りである。本書では武士の多様な側面に目を配りながら記していきたい。

歴史学は、史料（＝歴史資料）をもとに過去を考察する学問である。これまで知られてきた歴史像は史料の記述をもとに構築されてきたのであり、それを修正する方法もまた、史料の解釈の積み重ねによるものだ。そうした歴史学の方法論について理解していただこうという理由もあって、本書では多くの史料を掲載している。たびたび登場して紙面を占領する史料の数々に煩雑さを覚えるかもしれないが、読み下しと現代語訳も付けておいたので、ぜひ史料から歴史像を考える作業に触れていただきたい。

本書を読んで、「そんなことは言われなくてもわかっている」という読者もいるだろうし、「自分が思っていた兵農分離とは違う」という感想も出てくるかもしれない。そうした感想が出てくること自体が、兵農分離という複雑な概念が持つ特徴を象徴しているとも言える。兵農分離とはなにか、自ら問いながら読み進めていただけると幸いである。

序章　兵農分離の多面性をさぐる

研究概念としての兵農分離

「織田信長の軍隊は、兵農分離が進んでいたために強かった」といったような文章は、日本史に興味を持つ方なら一度は目にしたことがあるのではないだろうか。その次の豊臣秀吉の時代について、高校の教科書（たとえば、山川出版社の『詳説日本史B』）では、刀狩りなどの多くの政策を実施したことで兵農分離を完成させた、と説明されている。そして、その後の江戸時代は、兵農分離を基礎とする社会であったと言われる。日本史の時代区分では、おおむね平安時代末期から鎌倉時代・南北朝時代・室町時代・戦国時代を中世に区分し、織田政権から豊臣政権の時代、江戸時代を近世と区分することが多い。いわば、兵農分離は、中世と近世を分かつ大きな要素として扱われているのである。

兵農分離という言葉は、いかにも明瞭なようでいて、いまいちよくわからない言葉でもある。兵とは、あるいは農とはなにか。分離するとはどういうことなのか。とりあえず、兵農分離という言葉の意味について、右の織田政権の軍隊に関する一般的な見方に即して便宜的に文章化すると、次のような内容となろう。

ⓐ兵が農民から専門家へ

戦国時代の軍隊では、兵は普段、村に住んで農業をしていて、戦争の時だけ出てきていたり、あるいは戦争の際に百姓が武装させられて兵として連れて行かれたりしていた。だが、兵農分離によって、専門の訓練された兵士だけで構成された軍隊が誕生した。

つまり、兼業ではなく専業の兵士が出てきたことで軍隊が強くなった、という内容である。兵農分離と戦争を強く結びつけた考え方と言える。

兵農分離という単語だけを見ると、このⓐですべて説明できているように思える。ところが、実際に日本史の研究で用いられている兵農分離という概念は、もっと多様な要素を含んでいる。日本史に関する、もっとも大規模な辞書として知られている『国史大辞典』から、「兵農分離」の項目（執筆は朝尾直弘氏）を一部引用してみよう（文中の記号ⓘ〜ⓞは筆者が付した）。

織田信長は大名領主権力を中核に公家・寺社をあわせ国家を統合・掌握し、家臣団の城下集住を進め（ⓤ）、各地に形成されつつあった町（市）を公認、村落内部に孕まれていた商工業的要素とともに城下への集中をはかり、都市を支配の拠点とする政策をうちだした。豊臣秀吉は太閤検地を実施、村を単位に、耕地を一筆ごとに丈量して石盛をつけ、一地一作人一領主の原則のもとに耕作者の権利を認め、年貢納入の責任を負わせた。ここに年貢を収取する武士と、年貢を納入する百姓との階級的な区別が確定し㋑、村は百姓の居住地、行政・貢納の単位として制度化されることにより、その自治を認定されたのである。秀吉はまた天正十六年(一五八八)刀狩令を発して、百姓の所持する刀剣・弓・槍・鉄砲などの武器を没収し、百姓は農耕に専念すべきものと説き、被支配身分の武装を禁止㋓、同年の海賊禁止令の実行を通じ、海民を大名の水軍(家臣)と一般漁民(百姓)とに分解させた。天正十九年の身分法令では、農民が耕作を放棄して商人・職人になることや、武士団の底辺を構成する侍・中間・小者などが町人・百姓になることを禁じ、さらに大名領主の転封に際し出された法令で、検地帳面に登録された百姓は新しい封地に連れて行くことができないという原則を表明した。こうして、兵農の階級区分は国家的規模で身分差別として固定され㋔、武士は商人・職人とともに都市に居住し、生産には携わらず統治に専念し、農民は村に住み、武具を持たず耕作と貢納の義務を負うという、兵農分離の社会体制が確立した。

こうした説明の中から、㋐以外の要素をまとめると以下のようになる。

㋑武士と百姓の土地所有形態の分離

　戦国時代では、田畠を耕作したり、百姓と同様の土地所有を行ったりした武士が多かったが、兵農分離によって、武士は自ら農業生産にかかわることはなくなり、百姓的な土地権利である作職《さくしき》なども持たなくなる。

㋒武士の居住地の変化

　戦国時代の武士は村に住む者が多かったが、兵農分離した近世では村への居住を禁止されて城下町に住むようになり、武士と百姓の居住区が分離された。さらには、武士は土地を直接支配することを否定され、給与のみ支給されるようになった。

㋓百姓の武器所持否定

　戦国時代では、村の地侍や一般の村人が刀や槍・弓を持って武装していることが多かったが、兵農分離によって、百姓は武装解除され、唯一武装できる武士が百姓を支配する体制となった。

㋔武士と百姓の身分分離

戦国時代では、武士と百姓の中間的な身分の者がおり、また相互の身分移動も多く起こっていたが、兵農分離によって、武士と百姓は見た目や所持品・服装が分かれ、また㋑㋒の点でも分けられて上下関係が確定し、両者の間での身分移動を禁止された。

このように、軍隊の構成員という要素が強い㋐以外にも、㋑〜㋔のようなさまざまな要素が兵農分離という概念の中で語られている。そして、こうした多様な要素を総合し、武士が民衆を支配する体制として、兵農分離社会が形成されたとされているのである。

兵農分離という言葉から戦争・軍隊を連想してしまうのは「兵」の字が冒頭にあるからだが、一般に兵として想定される足軽や奉公人といった雑兵層だけではなく、研究上では武士を含んで幅広く概念化されている。こうした兵の階層の幅広さが、この概念の理解に混乱をもたらしている一面もあるのだが、それはおいおい触れていくことにしよう。

実のところ、日本史に関するすべての研究者が右の要素すべてを意識しているとは限らない。そのため、「兵農分離を実現するために」とか「兵農分離していたから」といった言葉を使っていながら、兵農分離のどの要素をどれくらい「実現」する／したと言っているのか不明な場合も多い。それによって、執筆者と読者の理解にズレが生じたり、議論がすれ違ったりしている場合もあって、非常に厄介である。逆に言えば、兵農分離という概念を語る際には、どの要素についてのことかを明示することで、比較的健全な議論が可能になるだろう。ひとまず、本書では右に挙げた要素をたびたび振り返りながら議論を進める。この本をお読みになる方は、こうした要素があること、それらが研究者の間で議論されてきたことを念頭に置いて読み進めていただきたい。

通説の中の兵農分離

兵農分離という概念については、多くの言説・研究が存在する。すべてをまとめようとすると非常に長くなるため、ごく簡単にこれまでの研究の流れを振り返ってみたい。

近世に兵と農が分離していた、という考え方は、江戸時代に記された書物でもよく見られる。そこでは、軍事的あるいは経済的関心から兵と農の分離が語られているが、ポジティブな捉え方ばかりではなく、後述するように、それぞれの藩が直面した問題の原因がそこにあるとも考えられていた。

近代以後になると、軍事制度との関連から論じる見解がある一方で、支配者と被支配者の分離と捉える見解が強くなる。特に後者では、兵農分離は近世の特徴、もっと言うと、近世に不可欠の構成要素として捉えられるようになった。そこでは、兵農分離は近世社会をもたらしたものとして捉えられ、兵農分離を実現できたか否かで権力の先進性が評価されている。冒頭で記した、兵農分離した軍隊が強いという考え方も、そうした考え方の一部と言える。特に、第二次世界大戦後の研究では、豊臣政権の検地（いわゆる太閤検地）をめぐる論争などを通して、この政権の諸政策が兵農分離を進める画期的政策であったと見る考え方が支配的になった。兵農分離の概念自体も、単なる生業の分離や軍事力の強化ではなく、武士が百姓を支配するための社会体制変革として捉えられ、さまざまな面での分離が指摘されるようになった。

このように、兵農分離は近代以後、非常に重要な要素として注目されてきた。そして、江戸時代に見られる兵農分離はどのように成立したかという点に関心が持たれ、それを実現した権力として統一政権、特に豊臣政権の政策が注目された。また、織田政権についても、他の戦国大名から抜きん出て中央政権を構築できた要因の一つとして、やはり兵農分離を目指した政策を行っていたからだとされてきた。兵農分離は、これらの政権が日本で卓越した地位を得ることができた要因として捉えられてきたのである。ただし、単純に織田・豊臣政権の画期性のみを説いてきたのではない。その前提として、下剋上の動向や、戦国時代までに百姓が経済的・思想的に成長したり、あるいは災害などに対処したりする中で、村落共同体が成熟していったことなどが注目されている。そうした日本社会の大きな変動の流れの中で、統一政権が、支配者の地位を武士が確立する体制として、兵農分離という社会体制を取っていったと見られている。

戦国時代の日本は、織田信長の織田政権、豊臣秀吉の豊臣政権によって統一され、徳川家康の江戸幕府による安定した支配の時代へと変化した。その過程で、全国の戦国大名のうち、ある者は滅び、ある者はこれらの政権に従い、近世の藩へと変化している。では、こうした地方の大名について、兵農分離はどう考えられてきただろうか。戦国大名については、一九六〇年代から七〇年代にかけて、在地領主制の最終段階、つまり兵農分離とは異なる志向を持っていたとする見解と、身分ごとの役負担によって兵農分離が進んでいたという見解が唱えられている。この二つの見解は単純に比較できるものではなく、前者は兵農分離の㋑や㋒の要素を重視し、後者は㋐・㋔の要素を重視しているから、兵農分離という概念の多様性が見解の相違をもたらしているのである。ただ、戦後の中世史・近世史研究は㋑・㋒の要素を重視する傾向が強いから、やはり戦国大名を兵農未分離の存在とみるのが通説であると言っていい。なお、この概念は、室町時代の幕府などについてはほとんど議論の俎上にのせられておらず、基本的に戦国時代以後の権力を対象に語られている。

戦国大名のもとで兵農分離が進んでいないとしても、その大名が豊臣政権のもとに服属して生き延びた場合は、豊臣政権期に兵農分離を果たすようになるとされることが多い。そのように見られる理由はいくつかあり、豊臣政権の法や政策がしばしば大名領をも含めて幅広い範囲を対象に制定・実施されていたこと、大名自身が豊臣政権の政策をまねていたと見られる場合が多いこと、あるいは政権と大名を結ぶ「取次《とりつぎ》」と呼ばれる人物たち（石田三成が代表的）が大名にそうした法・政策を指導していたことが挙げられている。豊臣政権の存在は、政権自体のみならず、その配下の大名全体に影響を与えていた。

以上のように、いずれの見解を取っても、兵農分離は豊臣政権期の法・政策によって全国的に実現される、と見るのが通説と言っていい。しかし、実際には豊臣政権期でも兵農分離していないとされる大名もおり、たとえば、長宗我部《ちょうそかべ》氏の領内では、村に居住し、土地の耕作に関与する家臣が最後まで多く存在していた（特徴㋑・㋒の未実施）。そして、後述する大《おお》石久敬《いしひさたか》の記述のように、江戸時代でもそうした状況は続いていたと見られている。その場合、豊臣政権は兵農分離を実現したはずなのに、その配下の大名は兵農分離していない、ということになり、矛盾が生じるだろう。

ところが、こうした兵農分離の未実施状況について多くの研究は、大名自身やその地域に問題があったと捉えてきた。有り体に言えば、兵農分離が実現できれば豊臣政権のおかげ、できなかったら大名や地域が未熟だったせい、ということである。地方大名における兵農の未分離状況が、豊臣政権の研究者ではなく、多くはその大名自体を研究する研究者によって指摘されていることが、こうした評価が導き出された一つの要因となっているものと見られる。

だが、この点に関しては、たとえば、豊臣政権の限界によって大名に兵農分離を実現させることができなかった、と捉えることも可能なはずである。また、そもそも豊臣政権は大名に兵農分離を実現させようとしていたのだろうか、という根本的な疑問も持たねばならない。果たして豊臣政権の法・政策は、日本全国に兵農分離を浸透させたのか、今一度考えてみる必要があるのではないか。

同時代人の兵農分離観

ここで、江戸時代の地方書《じかたしょ》を見ておきたい。地方書とは、町や村の支配を担当する役人のために書かれた、手引き書のようなものである。その地方書の代表的なものとして知られているのが、高崎藩に仕えていた大石久敬が一八世紀末に記した「地方凡例録」である。少し長くなるが、その中の巻之四下「古今租税之事」の項目の一部を現代語訳で見てみよう。なお、説明のために適宜改行して番号を追加した。カッコの中は筆者による補足説明である

（「地方凡例録」、二三三頁）。

①日本も中国も古代は兵と農が分かれず、武士も田舎に住んで農業を行い、戦争があれば分限（＝地位・財産）に応じて軍兵を出した。

②中国は唐の頃から兵と農が分かれることが始まり、明の代になって天下の民を二つに区別し、兵を生業とする者を軍、農を生業とするものを民と称し、民から軍に入ることや軍から民に移ることを禁じ、天下の人種を二つに分けた。

③日本でも中古（＝ある程度隔たった昔。ここでは鎌倉時代頃を指すか）の武士はみな農夫であり、今の世（＝江戸時代）でいう郷士《ごうし》であった。元弘・建武の戦国（＝建武政権・南北朝時代）以後は兵農が分かれて地頭・百姓となり、租税も四公六民（＝生産物の四割を年貢とする制度）となった。

④今も遠国では兵農が分かれず、上古のようなところもある。その一、二を挙げれば、薩摩国には外城《とじょう》といって四八ヶ所の城があり、一つの城に多ければ七、八百騎、少なければ二、三百騎、その他に外城付の与力の侍もいる。代々その地に住んで普段は農業を勤める。また外城を守る首将は三、四千石から一万石以上の領地を持ちその土地を領する者もいれば、勤番として勤めるものもいる。この侍は鹿児島に住んでいればひと通り武

士らしくしており、外城付の与力の侍はいずれも百姓同然である。肥後国にも一領一匹と称する一騎役の侍が数百騎おり、また地侍といって歩卒数百人が村々に無禄（＝給与なし）で居住して農業を営み、戦争の際は軍役を勤めた（以下、筑後国の浪人、肥前国鍋島家の千人足軽・赤司党、日向国の浮世人、土佐国の一領具足、大和国吉野宇陀郡の郷士などの事例を挙げているが、本書では省略）。このほか遠国にはこうしたたぐいの者が多い。これは皆、昔の兵農が分かれていない時代からの遺風である。

⑤関東では八王子の千人同心以外の農兵は聞いたことがない。

⑥中国の漢の代に趙充国という人が屯田制を始め、辺境の拠点を守る番手の兵に平日は耕作をさせ、戦争の時には兵として用いた。右のように今遠国で村々に兵士を置いて耕作させ、隣国への備えとし、戦争の時に軍役を勤めさせるのは屯田の遺法であり、戦国の習慣の残ったものである。

ここでの説明をまとめると、かつては日本も中国も兵と農は一体であった（①）。中国では唐から明にかけて、人民が制度的に二つに分離された（②）。日本でも一四世紀に兵農が分離した（③）。ただし、地方では分離していない事例が多く、幕府の本拠地である関東でも八王子の千人同心は分離していない（④⑤）。これは、兵農が分かれていない頃から残った制度であり、中国の屯田制と類似したものである（④⑥）、といった内容になろう。ここでは、兵が村に住んで農業を営んでいる状態を、兵と農の未分離として捉えている。つまり、大石久敬にとっての兵農分離とは、兵が都市（城下町）に住み、農業経営に関与しない状態（先に挙げた要素では㋑と㋒）を指しているのであった。

先に触れた通説では、織田・豊臣期を兵農分離の端緒とし、戦国大名などは兵農未分離の存在とされていたが、大石久敬はもっと前から兵農が分離していたと考えていたことになる。ところがややこしいことに、久敬は別の部分では「戦国のうち、信長の時代から兵農が分かれた」とも記しており、同じ書物の中で異なる認識が記されているのである（「地方凡例録」、二三二頁）。

ただ、これをもって久敬の記述の揺れを糾弾するつもりはないし、通説が間違っていると言うつもりもない。大石久敬の記述は、あくまでも彼が江戸時代に考えたことであり、生きている時代から数百年前のことを記しているという点では、久敬も現代の研究者も立場は同じである。江戸時代の人々が過去の時代について記した事例は多いが、現代の研究によって、その記述が誤りであることが指摘されることは珍しくないのである。ここでは、兵と農の分離を近世からとする見方が、同時代から不変だったわけではなかったことを確認しておきたい。

「地方凡例録」でもう一つ注目すべき記述は、④に示すような、江戸時代にも兵農分離ではない状況が各地に存在しているという認識である。これも、豊臣政権の政策によって兵農分離が全国に強制されたとする通説とは異なる認識と言える。ここで挙げられた郷士の存在は、近代・現代の研究者たちも当然ながら研究対象としている。だが、郷士を後進地域に残った中世の遺制として、兵農分離体制下における特殊な存在であったと見たり、あるいは、郷士は兵農分離体制に適合していて、戦国時代の武士とは異なっているとするなど、評価はさまざまである。そうした研究が行われていても、江戸時代は兵農分離が全面的に展開された社会であるという認識を否定する研究者は少ない。この点で、大石久敬の同時代認識と現代の研究者の認識では違いがあると言えよう。

なお、これについても、大石久敬の記述を全面的に採用しなければいけないと主張するつもりはない。自分の生きる社会に対する認識というのは、だいたいは自分の観測できる範囲のみを基準として語られるものである。現代に生きる私たちの身近な例を挙げるならば、ニュースでは数字をもとに景気回復を謳っているが、暮らしていてそんな実感は到底持てない、といったあたりがわかりやすいかもしれない。したがって、久敬の記す近世社会のあり方が実態と合致しているとは必ずしも言えないのである。ただ、兵と農が未分離である状態が存在していると同時代人が認識していたことは、注目しておいていいだろう。

兵農分離への疑問

豊臣秀吉の時代に兵農分離が全国に実現され、近世社会が到来したという通説に対し、江戸時代の同時代人は必ずしもそう見てはいなかった。とすると、兵農分離という考え方については、考え直す余地が大いにあるように思われる。こうした疑問を持つのは筆者だけではなく、先行研究によってすでにいくつもの指摘がなされてきた。

たとえば、「身分法令」あるいは「身分統制令」と呼ばれる、豊臣秀吉が出した法令がある。かつては、この法令によって、武士と百姓は身分の移動が禁じられ、兵農分離体制が作られたと言われてきた。ところが、一九八〇年代に高木昭作氏が、ここで対象となっているのは武士ではなく、その使用人である武家奉公人階層であり、朝鮮侵略のために人員を確保する命令であったと指摘した〔高木一九八四〕。高木説によって、この法令が豊臣期から江戸時代にいたる身分制を確立させたという考え方は、成り立たないとされたのである。こうなると、兵農分離が制度だったのかどうか、という点から考え直さなければならないだろう。

また、塚本学氏は、江戸時代の兵を構成する重要な一員である武家奉公人が、村から雇われることが多いことに着目した〔塚本一九八三〕。武家奉公人は兵農分離の諸要素を満たしていないから、兵であるにもかかわらず、兵農分離という概念が適用できないことになる。そこで塚本氏は、現代の近世史研究が兵農分離の主要な対象として見てきたのは武士であるから、奉公人も含んでしまう兵農分離ではなく、「士農分離」と呼んだほうが適切ではないかと指摘したのである。兵農分離という名称自体を問い直そうという試みであると同時に、兵という枠組みをも問い直す見解と言えるだろう。

中世史研究の側からは、藤木久志氏や稲葉継陽氏が、「中世的兵農分離」という概念を提唱している［藤木一九九三、稲葉二〇〇一］。これは、領国の危機に際し、百姓にも戦争に参加させようとする領主に対して、物資を運ぶ夫役《ぶやく》は百姓の役割だから勤めるが、戦闘行為は武士がやるべきものだから参加しない、として忌避しようとする百姓の側の思想である。中世段階で、兵農分離の要素㋐㋔がある程度達成されていたとする説であると言える。上からの政策ではなく、下からの捉え方に兵農分離を見出したことに、この説の大きな特徴がある。

筆者は、もともと土佐国の大名長宗我部氏の研究を進めていた。長宗我部氏は兵農分離を達成できなかった大名であると先行研究によって評価されてきたのに対し、筆者は、兵農分離をすべての大名が目指していたのではなく、少なくとも長宗我部氏は、全面的に導入するつもりはなかったと結論した［平井二〇〇八］。その後、高木氏の「身分法令」論や藤木氏の刀狩令論などを踏まえて、兵農分離のために行われたとされた豊臣政権の政策の再検討も進めていった。その一つの成果として、二〇一三年度の歴史学研究会大会では、中世史部会で「中近世移行期の地域権力と兵農分離」と題し、兵農分離という概念を再検討しながら、地域権力の戦国期から江戸時代前期までの移行を見通した〔平井二〇一三B〕。

かつて藤木久志氏は、豊臣平和令論を唱えた著書『豊臣平和令と戦国社会』の冒頭で、次のように記していた〔藤木一九八五〕。

かえりみて、兵農分離という言葉が中世から近世への移行期を画然たる断層とみる立場から、通俗的にほとんど万能の説明概念として魔法の杖のように使われ始めて以来、いったいどれだけの年月が過ぎたのであろう。それなのに兵農分離のたしかな具象としては刀狩りとか武士の城下町集住といわれる事態の外にほとんど何も思い浮かべることができず、この言葉を聞きあるいは使うたびに何か心許なくとりとめのない思いをするのは、わたくしの非力のためだけなのであろうか。(以下略)

この序文から、藤木氏は豊臣の「平和」の達成として兵農分離を捉える方向に議論を進めていくのであり、この点は筆者とはやや考え方が異なる。ただ、兵農分離という概念が、近世の特徴とされると同時に、中世史研究と近世史研究の断絶を生み、近世の出来事をなんとなく説明できる言葉として用いられてきたとする点で、筆者が持つ疑問を端的に表わした指摘である。

本書の視角

このように、兵農分離という概念については、先行研究によって、さまざまな疑問や再考の余地が多く指摘されてきた。本書では、こうした研究の成果を踏まえながら、この概念をいくつかの視角から問い直してみたいと思う。

兵農分離を実現するための政策とされているものは、果たして本当にそれを目的としていたのだろうか。違うのであれば、なにを目的としていたのだろうか（政策論）。また、兵農分離はどのように進んだのだろうか（進行過程）。さらに、中世社会と近世社会は、どれだけ兵農分離していた／していなかったのか（実態論）。上に挙げたような疑問点を解き明かすために、本書はいくつかの章に分けて検討を進めていく。具体的には、軍隊（特に武家奉公人）、身分制、武士の居住地、領地支配といった点について説明するとともに、政策についても各所で触れていくこととする。そして終章で、考察の結果をまとめたい。なお、本書では、兵農分離政策という言葉を、「結果として兵農分離につながった政策」ではなく、「兵農分離の状態を目指して実施された政策」という意味で使うこととする。

本書のテーマについては、筆者独自の考察の多くは前述した歴史学研究会の大会報告で述べている。本書では、先行研究によって明らかにされ知られている内容と、筆者が検討した内容を、あらためてわかりやすく説明することを心がけたい。

第一章

兵農分離は軍を強くするのか

軍隊と兵農分離

本章では、戦国時代の軍隊、江戸時代の軍隊について、それぞれ兵農分離という観点から見ていく。

戦国時代の軍隊の兵は百姓だが、江戸時代の軍隊は組織された専門家の兵ばかりになった、という考え方は、一般にはまだまだ根強いのではないだろうか。武士や足軽が城下町に集住して、日頃から組織的な訓練を受け、いざ戦闘という時にはすぐに出陣する、という状況はイメージしやすい。冒頭に記したように、兵農分離した織田信長や豊臣秀吉の軍隊が、兵農未分離の戦国大名の軍隊を圧倒していく、というストーリーは、近世権力の成立を非常にわかりやすく説明している。

ここまで記したところで、根本的な問いを発しておきたい。それは、兵農分離した軍隊は本当に強いのか、当時の人々はどう考えていたのか、ということである。一般論としては、訓練された専門家集団のほうが優秀であるに決まっている、と考えたくなる。しかし、中世・近世の人々がそう考えていたかどうかは別問題である。岡山藩池田氏に仕えて民政を担当した儒者である熊沢蕃山《くまざわばんざん》が、一七世紀末に記した著書「大学或問《だいがくわくもん》」の一節には次のようにある（『大学或問』、四四三頁）。

（現代語訳）

①農兵となったならば、日本の武勇は特別に強く、真の武国の名に適うものとなるだろう。

②武士が農と分かれてよりこのかた、体は病気となって手足は弱くなった。（このような状態では、）心ばかり勇んでいても、敵に会ったわけでもないのに疲れて病死してしまう。

③その上、（武士が召し使う）若党《わかとう》・小者《こもの》なども一年居（＝一年ごとの臨時雇用）であり、主人のことを思わない（＝忠誠を尽くそうとしない）。これは軍事に用いる上で損である。

④普段から農兵として生活していないから風俗が悪くなって長くは続かない。農兵の昔に戻すのは今この時である。

熊沢蕃山は、現状を兵と農が分かれた状態と認識している（②）。一八世紀の人間であった大石久敬と同様に、一七世紀に生きた蕃山も、自分が生きる近世を兵農分離社会と見なしていたと言える。ところがその一方で、蕃山は兵農分離が兵の弱体化を招いたと見なしているのである（②）。そこで蕃山は、分離状態を解消することで、軍隊は強くなると主張した（①）。この主張が、兵農分離すれば軍隊は強くなる、という通説の真逆であることは明らかだろう。

彼のこうした主張の背景には、藩財政の悪化や、藩の家臣（藩士）・領民などの困窮状態があり、その解消が課題となっていたことがあった。すぐ後で触れるが、武士が城下町に住むことによる生活コストの高さに彼は注目し、そのために村に住むことを提案しているのである。そして、村に住むメリットとして、右の軍事的効果を挙げていたと言える。別の箇所には「今北狄《ほくてき》（＝北方の異民族。ここでは当時中国を支配していた清を指す）がやってきたならば、敵と戦うまでもなく、国内に備えがなく人々の心が離れてしまう」とあり（同書四二五頁）、外国からの侵略への備えが必要であるとの考えもあったようである。この点、実際に日本が外国から攻められるような危機が執筆時、眼前に迫っていたというよりも、自身の説の必要性を説くために、そうした仮定を設定したと見るべきであろう。

彼は、幕府そのものについても、同様の論法で改革を説いている（同書四四一頁）。兵と農という区分には触れていないが、一応こちらも紹介しておこう。

（現代語訳）

大名の母や妻子を江戸から国許へ戻せば江戸の大名屋敷は少なく済み、町も一〇分の一で足りる。旗本も領地に返したり、天領の代官として派遣したりする。そうして江戸に空き屋敷が増えたら、水利のいい土地なので、ほとんどを田にしてしまえばいい。（中略）旗本の番頭については、江戸から五里・一〇里離れた場所で警備を五〇日か一〇〇日勤めさせ、江戸の四方を警固させる。番の最中に武芸を習ったり学校に行かせたりすれば、番役の仕事を楽しみにするだろう。城下町に妻子がいる武士一〇〇〇人よりも、遠方に妻子を置いて男のみ勤務する武士三〇〇人のほうが優れている。

大名や旗本の妻子を国許に帰らせて、巨大都市である江戸をコンパクトにして田にすれば、コストカットと収入増が果たせるという論理である。大名妻子の江戸常住や大名本人の参勤交代を体制的に進めていた江戸幕府からは、とんでもない暴論と受け止められただろう。軍事力に関しては、江戸城下町から離れさせるという点では大名の家臣に対する方針と同様であるが、村に住むことで足腰を鍛えさせようという方針であった大名の家臣とは異なり、武芸を習わせて強化しようとしていた。

ところで、蕃山の言う農と兵の分離状態とは、武士が村から離れるという㋑・㋒の要素を念頭に置いているようである。つまり①は武士の農兵化論であった。兵に百姓が含まれていたか否かという本章の話題とは微妙にずれた話題となるが、蕃山は別の箇所でその点にも触れているので、続けて紹介しよう（同書四四〇頁）。

（現代語訳）

⑤このように自然に年貢率が高くなって民が疲れているのは、武士と離れたからである。武士を村々に住まわせるようにするべきである。

⑥また武士の心得も、子々孫々まで生死を共にする譜代の民ならば、その民のために悪いようにならないよう心がけるであろう。

⑦戦争に民を連れて出て行くことになれば、常日頃から人を多く雇っておく必要はなくなる。二ツ成・三ツ成でも（＝年貢率を低くしても）足りるだろう。

⑧番役も公用の勤めもなく、近所の武士と交流するにも台所で語るようになれば接待用に人を雇っておくこともなく、少しずつ（田畠を）手作りし、菜園の草を取ったり、気晴らしに下人の手伝いをしたり、山野で猟をしたり、川で漁をしたり、風雨霜雪を厭わず、文武の芸を磨き、主君を守る武夫となるだろう。

先にも記したように、蕃山は藩内のあらゆる階層・組織の窮乏化を問題としていた。その理由の一端を武士が城下町で生活するようになったことに求め、武士が村に住んで生活することでその問題が解決すると考えている（⑤・⑧）。そして、武士が奉公人を雇うことについても困窮の原因とみており、武士が村に住めば、普段から民と接して戦場に民を連れて行けるようになり、奉公人を雇う必要がなくなるとしている（⑥・⑦）。蕃山は武士の農兵化のみならず、戦争時の民衆動員をも提案しているのであり、兵農分離の要素㋐を根本から変えようとしていた。いわば専門家をリストラして必要な時だけボランティアに頼ろうというのだから、かなり思い切った発想である。なお、彼は武士の農兵化については軍事力強化を説いていたが、民兵の軍事的能力についてはあまり考慮していない。

このように、兵農分離した軍隊のほうが強い、という単純でわかりやすい通念に対し、江戸時代に実際に政治を執ってきた蕃山が否定的であることは、注目に値すると言える。実際の軍隊の強弱はともかくとして、兵農は未分離のほうが有利と考えていた為政者がいたのならば、彼らの政策の意味合いも変わってくるからである。兵農分離は画期的であり、全大名にとって推進すべきことであったという現代人の視角は、一方的に過ぎるのではないだろうか。

武家奉公人とは

兵が専門家か農民か、という点について、熊沢蕃山の説を紹介した。武士の農村在住、農民の戦争動員という二つの点で、蕃山は兵農分離を止めようとしていたのである。ところで、先に紹介した「大学或問」の③で、若党・小者という名称が出てきた。これらは「武家奉公人《ぶけほうこうにん》」と呼ばれる階層に属しており、本書の検討の中で重要な位置を占めているので、解説しておきたい。なお、都合により、近世の武家奉公人を先に紹介する。

武家奉公人とは、武士に仕える従者のことである。藩（大名）に仕える奉公人を武家奉公人、家臣（藩士・給人《きゅうにん》。大名に仕える武士）に仕える奉公人を家中《かちゅう》奉公人と分けて呼ぶ場合もある。兵農分離という場合、武家奉公人は武士（士分）とともに兵の側に位置づけられている。

士分と奉公人の身分差について、豊前国中津藩士であった福沢諭吉が記した「旧藩情」を見てみたい（「旧藩情」、二六五―二六六頁）。

（現代語訳）

中津藩の藩士の数は、上は大臣から下は帯刀の者までおよそ一五〇〇人である。その身分を細かく分けると百余になるが、これを大別して二つに分けると、上等は儒者・医師・小姓組《こしょうぐみ》から大臣まで、下等は右筆《ゆうひつ》・中小姓・供小姓・小役人格から足軽・帯刀の者になり、その数の割合では上等はおよそ下等の三分の一であった。（中略）（上等・下等の各階層内での身分差も大きいものの、）足軽が小役人に出世したり中小姓となったりすることは簡単である（＝それ以上に上がるのは難しい）。それのみならず、百姓が中間《ちゅうげん》となり、中間が小頭《こがしら》となり、小頭の子が小役人となれば、下等士族の中に恥ずかしからぬ地位を占めるであろう。また足軽は一般に上等士族に対し、下座として、雨の中、道端で出会った際に下駄を脱いで平伏していた。足軽以上の小役人格の者でも、大臣に会えば下座・平伏していた。大臣だけではなく、上士《じょうし》の用人役《ようにんやく》の者に対しても、同様の礼をしないといけない。また下士《かし》が上士の家に行けば、次の間（＝上士のいる隣の部屋）から挨拶したのちに同じ間に入らなくてはいかず、（一方で）上士が下士の家に行った場合は座敷まで刀を持ち込んでもよかった。

福沢諭吉が述べる上士と下士は、中小姓が下士に位置づけられている点などはやや特殊であるが（中小姓は士分の最下層である場合が多い）、おおむね、江戸時代の一般的な藩における士分と奉公人に該当する。諭吉が説明したように、この両階層は、人数的には後者が多いにもかかわらず、その扱いには大きな差違があった。右に記した以外にも、相手の呼び方、家の造り、乗馬の可否、狩猟の可否などの身分差があり、相互の婚姻もなく、生活水準にも大きな差があったという。下士の出身であった諭吉は、藩士時代に経験したこの境遇の差によほど不満を持っていたのであろう。

諭吉がオーバーに表現している部分もあるだろうが、実際の様子を見てみても、士分と奉公人には、ほとんど別の身分といってもいいような差があった。この点、兵農分離や士農工商といった言葉にこだわると、この差を見過ごしてしまうことに注意が必要である。

武家奉公人の内部にも階層があり、有名な豊臣秀吉の一連の法令や江戸幕府初期の法令の区分では、侍（若党）・中間・小者・あらし子、と分けられている。戦国時代に登場した雑兵の代表格としてよく知られる足軽も、おおよそこの奉公人階層に属している。

このうち、侍や若党と呼ばれる階層は、苗字を名乗ることが許されている場合が多く見られる。萩藩（毛利氏）の武家奉公人の研究を進めた森下徹氏によると、江戸で番手を勤める若党について、一七世紀末の萩藩では、見かけが良く、文章を書けて、計算もできる者を条件としていたという［森下二〇〇七］。武士のお供として、さまざまな用務をこなすことができる人材が求められていたのであった。

一方、中間以下の階層は、侍（若党）に比べて、肉体労働が主であったと見られる。同じく森下氏によると、中間は、男柄がよく、道具などをよく持ち、馬にうまく乗れて、仕事をよく心得た者が求められた。武士が出歩く際の道具持ちや、草履取など、細々とした雑用をこなすのが役割であったと言える。

高木昭作氏によると、若党は道具持ちをしないのが原則であったといい、この点で若党と中間以下は明確に区別されていた。一方で中間以下の階層には中間・小者・あらし子といった区分があるが、草履取など別な名前がつく場合もあり、またそれぞれの職掌は藩あるいは主人によって異なっていたと見られる。

なお、中間という名称は、中世以来のものであった。室町時代の史料では、殿原《とのばら》と下部《しもべ》・雑色《ぞうしき》・小者らとの間に挟まれて記載されることが多い。殿原は若党に相当し、下部などは小者に相当するから、読んで字のごとく、上級の奉公人と下級の奉公人の間の位置づけであった。ただ、殿原と中間の二類型しか記さない史料もあり、その場合は、中間以下の階層をも含んだ総称として用いられていると思われる。

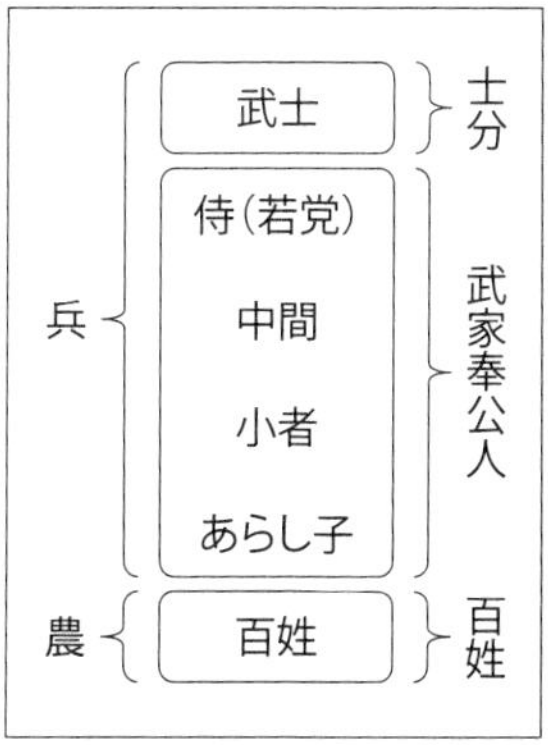

奉公人の位置づけ

中世の武家奉公人は、右に見たように近世のものと類似の分け方となっている。ただし、「奉公人」という名称は室町期まではあまり用いられておらず（皆無ではない）、下人（下男）・所従《しょじゅう》あるいは被官《ひかん》（この言葉は奉公人階層以外にも使われる）といった呼び方が一般的であった。殿原などの区分ごとの名前の変化も考えると、戦国時代から豊臣政権期までにかけて、この階層全体の呼び方が変化していったのだろう（殿原も江戸時代の使用例が皆無というわけではない）。こうした呼び方の変化とともに、それぞれの役割や求められる人材像も変わっていった可能性がある［藤井二〇一七］。

奉公人の役割について、先ほどは平時（＝戦争時以外）のものを見てきた。では、実際に戦場に出た場合、彼らはどのような働きをしたのであろうか。この点については、高木昭作氏による検討があるので、それに基づいて説明しよう［高木一九八四］。

一七世紀後半に記されたと見られる『雑兵物語』という史料には、戦場でのそれぞれの役割が描かれている（『雑兵物語』、一五二頁）。

（現代語訳）

（草履取の嘉助が主人の武士に従って戦場に出たところ）弓の勝負が始まり、やがて互いに距離が近づいてくると、主人は「この鉄砲を腰に挟め。一番槍を合わせる」と言った。そこで「自分（＝草履取）もこの鉄砲で脇槍（＝武士の援護）を勤めますので玉薬をくだ

『雑兵物語』より「鉄砲足軽」(上) と「矢筒持・玉箱持」(下) (東京国立博物館蔵 Image: TNM Image Archives)

さい」と言ったところ、「お前ごときが脇槍とは差し出がましい奴だ」と激怒したので、
しかたなく見物していた。

草履取の嘉助が主人とともに戦おうとしたところ、主人は怒ったという。草履取は主人の道具を持つ係であり、戦闘に参加するのは越権《えっけん》行為である、というのが武士の側の認識であった。一方、若党については次の記述がある（同書一四九頁）。

（現代語訳）
（若党である）加助どのは、よい働きをした。歴々の武士にも勝る脇槍をし、首を取られた。

脇槍をしようと申し出て激怒された草履取の嘉助とは違い、若党の加助は武士に従って戦ったことが賞賛されているのである。戦場では、奉公人階層の中でも、若党＝戦闘員、草履取＝道具持ちという役割の違いが明確であったことが、ここからわかるだろう。若党・草履取以外の奉公人の役割は、足軽は前者の戦闘員、中間は後者の道具持ちに分類されていた。実際の戦場で乱戦となった場合は、このような区分にかまっていられずに道具持ちも戦いに

参加せざるをえなくなったであろうが、武士たちは基本的にはこの原則を守ろうとしていたのである。

　このように、奉公人の上層部分は、戦場での働きを期待される戦闘要員であった。ここで、兵に分類される身分を戦場での働きに即してあらためてまとめると、馬に乗って働く武士と、それに従い、戦闘に参加する若党・足軽、槍や鉄砲など主人の道具を運んだり雑用を勤めたりする中間以下、という区分となる。兵という言葉を、純粋な戦闘員という意味で厳密に用いるのであれば、士分と上層奉公人がそれにあたる。そして、中間以下の下層奉公人は、兵から排除されることになろう。

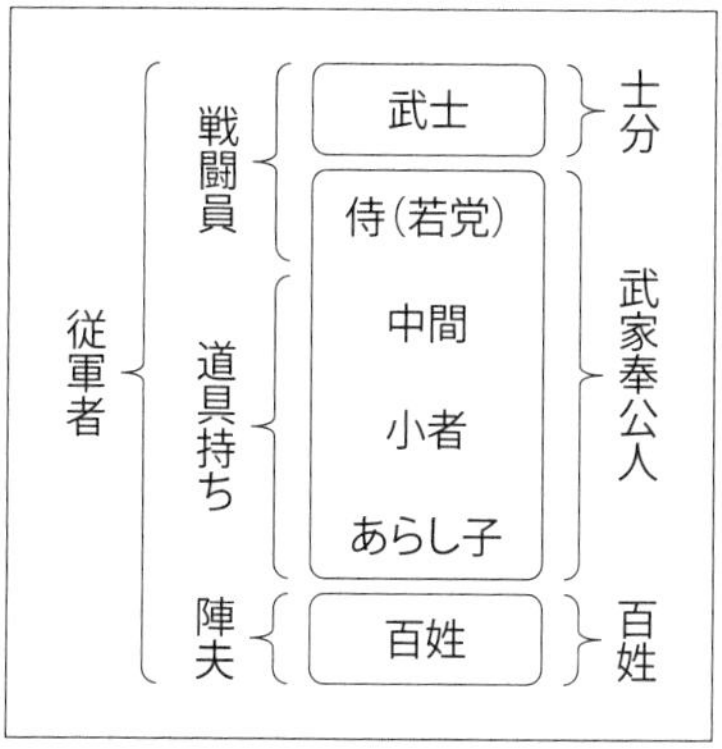

戦場での役割

　一方、仮に幅広い意味で戦場に赴いた従軍者を兵と呼ぶのであれば、下層奉公人も兵に含まれることになる。だが、後にも述べるように、戦国期でも江戸時代でも、戦場には百姓が陣夫《じんぷ》（兵糧などを運ぶ非戦闘員）として従軍することになっていたから、右の想定にのっとれば、百姓まで兵に含まれることになってしまう。もちろん、道具持ちは戦闘員の側にいなければならず、輜重《しちょう》隊である陣夫は戦闘に巻き込まれないところにいるべきであり、両者は戦場内でも滞在する場所が異なっている。しかし、そこまでこだわって下層奉公人を兵に含めようとすることにどれだけ意味があるか、疑問も残るだろう。

武家奉公人の供給形態

ここで再び、熊沢蕃山の「大学或問」の記述を思い出してほしい。蕃山は③の部分で、若党・小者が一年居（＝一年ごとの臨時雇用）になっているから、主人に忠誠を尽くさないと記していた。武家奉公人が臨時雇用になっているとは、いったいどのような状態なのであろうか。

奉公人の臨時雇用は、年ごとの場合が多く、出替奉公人・年季奉公人・一季居《いっきおり》などと呼ばれた（本書では年季奉公人と呼んでいくこととする）。現代風（もちろん、現代とまったく同じというわけではない）に言えば、期限付、あるいは任期付の雇用となるだろうか。契約社員や日雇い労働と表現したほうが、実態に近い場合があったかもしれない。彼らは、藩や藩士に仕えて業務に従事するが、出替りの時期になると、主人のもとを離れ、別の奉公先を求めていった。こうした奉公人は、「一季居」という言葉の使われ方からして、関ヶ原の戦いから大坂の陣の間に急速に増加していったものと見られる。慶長《けいちょう》七年（一六〇二）に、加賀藩が定めた掟を見てみよう（『加賀』一、八五二頁）。

（原文）

一、一年限之奉公人契約之事、其出候月より十二月を定可罷出候、但法度以前之儀は、可為互之約束次第事、

（読み下し）

一、一年限りの奉公人契約の事、その出で候月より十二月を定め罷り出づべく候、ただし法度《はつと》以前の儀は、互いの約束次第たるべき事、

（現代語訳）

一、一年限りの奉公人の契約のことは、奉公を始めた月から一二月までを期限として仕えるように。ただしこの法令以前からの場合は、互いの約束次第である。

関ヶ原の二年後の段階で、年季奉公人が定着しつつあることが読み取れるだろう。この規定が定められたのは、家臣に仕えている奉公人と彼を雇っている家臣の間で、出替りの時期

をめぐるトラブルが起きていたためであると思われる。奉公人としては、出替り時期がずれると、次の奉公先を見つけることが難しかっただろうし、家臣としては、給与を払うからには、奉公人をしっかり一年間雇用し続けたいという考えがあったのだろう（条文内の「十二月」は一二ヶ月を指す可能性もある）。なお、この掟には次のような条文もある。

（原文）

一、一年限之下人給分、年中拾二俵たるべし、但春之取替に五俵、歳之暮に七俵可出事、

（読み下し）

一、一年限りの下人の給分、年中拾二俵たるべし、ただし春の取り替えに五俵、歳の暮れに七俵出すべき事、

（現代語訳）

一、一年限りの下人の給分（＝給与）については、年間一二俵とする。ただし、春の給与として五俵、年末に七俵出すこと。

年季奉公の給与を定め、年間で二度に分けて出すべきという規定である。奉公人の給与が高騰したり、支払いに関するトラブルがあったりしたのだろう。一度に全部渡そうとしないのは、二度目が出替りの時期であることを考えると、奉公人がもらい逃げする恐れがあったためである可能性もある。

大坂冬の陣の最中である慶長一九年（一六一四）一一月二一日、加賀藩前田家が定めた掟に、次のような規定がある（『加賀』二、二五四頁）。

（原文）

一、当年・去年切之奉公人、来年中不替当主可遂奉公、たとひか丶へ置候刻、如何様に申定儀雖有之、如此定置上、一切申分不可有之、但取替等之事、如当年可遣之、若彼奉公人於欠落仕者、当年之請人可為曲言事、

（読み下し）

一、当年・去年切りの奉公人、来年中当主を替えず奉公を遂ぐべし、たといかかえ置き候刻、如何様に申し定む儀これありといえども、かくのごとく定め置く上、一切申し分これあるべからず、ただし取り替え等の事、当年のごとくこれを遣わすべし、もし

かの奉公人欠け落ち仕るにおいては、当年の請人曲言《くせごと》たるべき事、

（現代語訳）

一、今年や去年に年季が切れた奉公人は、来年の間は主人を変えずに奉公すること。たとえ抱え置かれるときにどのような約束があったとしても、このように規定したからには、一切文句を言わないこと。ただし給与については、今年のように遣わすこと。もし奉公人が欠落《かけおち》（＝逃亡）したならば、今年の請人《うけにん》（＝保証人）は処罰する。

本来は出替りで去って行くはずの奉公人たちを、戦時中ということで強権的に元の主人のもとで働かせ続けようという内容である。本来の条件を無視してまで留めようとしていたことから、加賀藩にとって、年季奉公人が合戦に不可欠の存在となっていたことがわかるだろう。

中世では、「相伝の下人」と呼ばれるような、譜代の所従・下人が多くいた。彼らは家督相続の際の譲与の対象となっており、主人の所有物のような扱いを受けていたのである。一方で、右に見たように近世に多く見られるようになった年季奉公人は、譜代の奉公人と比べれば、主人との関係がかなり希薄である。蕃山が記したように、年季奉公人が主人に尽くそ

うとしないのも、やむを得ないことであった。加賀藩の規定でも、年季奉公人が欠落（逃亡）してしまうことを問題としていた。こうした奉公人の欠落を防ぐために、年季奉公人を雇う時には、請人という形で身元保証人を定めることが普通であった。ただ、効果がない場合も多かったであろう。

さて、兵農分離の議論との関連で問題となるのは、年季奉公人たちがどのような人物だったかである。同じ臨時雇用でも、高度な専門技能を持っている者と、食い扶持稼ぎのために奉公先を求めている農家の次男・三男のような者とでは、だいぶ様相が異なってくるだろう。もちろん、年季奉公人層の中には、両方のタイプの人物がいたであろうし、若党とあらし子でもだいぶ異なってくるとは思われるが、欠落をめぐる法令などから考えると、全体としては後者のタイプ（食い扶持稼ぎ）が多かったものと思われる。

慶長八年（一六〇三）三月に池田家が定めた法令には、次のようにある（「武州様法令」、九三一頁）。

（原文）

一、代官所・知行所之外、他郷之者を被官に持候儀、堅可為停止、勿論領主をさし置余人をたのむにをひてハ、町人百姓ニよらす可為罪科事、

（読み下し）

一、代官所・知行所の外、他郷の者を被官に持ち候儀、かたく停止たるべし、もちろん領主をさし置き余人をたのむにおいては、町人・百姓によらず罪科たるべき事、

（現代語訳）

一、（家臣が担当・支配する）代官所・知行所ではない、（他人が支配している）他郷の者を被官にすることは停止する。もちろん領主を差し置いて他人に奉公しようとした者は、町人であろうと百姓であろうと罪とする。

家臣たちは自分の領地から奉公人を雇うべきである、というのがこの規定の主眼である。ここでは、町人・百姓を奉公人に取り立てることを前提とする一方で、他人の領地の百姓を取り立てることは禁止とされていた。その理由は、百姓を奉公人として連れて行かれることを、その土地の領主（家臣）が嫌がり、家臣同士でのトラブルが起きるためであろう。この法令が譜代・年季のどちらを想定しているか（あるいは両方なのか）ははっきりとしないが、奉公人が町人・百姓の中から取り立てられていたことが、ここからわかる。しかも、元和《げんな》八

年（一六二二）の萩藩法令では検地帳に登録された百姓が奉公人になっている場合の規定が見られるから、仕事にあぶれた次男・三男だけではなく、現役で農業に従事しているはずの百姓も奉公人となっていたことがうかがわれる（『山口県史』史料編近世2、六四九―六五〇頁）。

このように、武家奉公人は、その身分内での再生産では供給が追いつかず、領地からの供給が必要であった。ところが、こうした領地からの奉公人調達もまた、池田家の事例で他領からの取り立てが問題となっていることが示唆しているように、需要を満たせないことが多かった。また、家臣が召し使う奉公人の供給源としては、領地以外にも、城下町に住んであちこちの家渡り歩いて年季奉公を行う「渡り奉公人」もいる。ところが、渡り奉公人の場合も需要と供給がかみ合っておらず、給与が高騰していったため、雇えない場合も多かった。家臣たちは、どちらの方法でも、自前で奉公人を調達することが困難になっていたのである。

そこで、一七世紀後半頃になると、藩自体が農村から奉公人を徴発し、家臣に預ける方式を採るようになっていく。いわば藩営の〝派遣社員制度〟であり、派遣される人員は強制参加となる。萩藩では享保《きようほう》三年（一七一八）に、二〇〇〇石に一人あたりを農村から中間として提出するように定め、その後一三〇〇石に一人へと改定したという［森下二〇〇七］。藩によって制度は異なるが、似たような制度を採った藩は多かった。家臣たちが普段の生活のみならず藩への奉公（参勤交代などでは、見栄えを整えるためしっかり人数を揃えなければならなかった）のためにも奉公人を必要としている以上、藩としてそれをバックアップしてやる必要があったのであった。

なお、森下氏によれば、村からの奉公人調達は制度として続いていったが、あまりうまくいっていなかったとされる。村側が百姓を出すのを嫌がり、渡り奉公人を雇って提出するようになったため、城下町の渡り奉公人の給与が、さらに高騰するという結果を招いたのである。そこで萩藩では、江戸で必要な奉公人を、江戸屋敷で抱えておいて家臣に日雇いで貸し出す制度も導入した。この場合も、奉公人の忠誠心に期待などできなかったことは言うまでもない。結局、奉公人は組織化された専門的な軍隊とはほど遠い存在となっていたのである。

近世の兵と武家奉公人

ここまで、武家奉公人の実態を見てきた。本章の最後に、あらためて内容を整理したい。

武家奉公人とは、武士に仕える従者である。奉公人には戦場で戦闘に加わる若党（侍）や足軽と、道具持ちを勤める中間・小者が分かれており、平時でも彼らは異なる役割を果たしていた。また、この奉公人には、大きく分けると、長年主人に仕える譜代奉公人と、一年任期の年季奉公人の、二種類があった。彼らを働き手として確保することが大きな問題となっており、江戸時代には藩が百姓を奉公人として徴集し、家臣に預けることも行われていた。

では、兵という観点から見ると、これらの奉公人はどのように評価できるだろうか。

譜代の奉公人は、出自が町人・百姓であったとしても、長年仕えていけば専門的技能を身につけていっただろう。そうした意味では、このタイプは兵農分離のイメージに沿っていると言えなくはない。ただ、譜代奉公人は、中世の相伝の所従・下人の後継として位置づけられることに注意が必要である。兵が譜代であることで兵農分離と言えるならば、戦国大名の兵も同じであったと言えるのである。

問題は年季奉公人である。町人・百姓が家臣に奉公するのはいいとしても、一年ごとに辞めて別の奉公先を探しに行くとすれば、組織された専門家とは言えないだろう。また、藩が農村から徴発して家臣に配分する場合は、本来百姓として農業に勤めているのに、藩の都合で徴発されて奉公人をやらされていたのだから、さらに深刻である。こうした奉公人は、農村に賦課された役として勤めている以上、期間が終われば、農民へと戻っていっただろう。とすれば、専門家どころか、農民となんら変わらない存在だったと言えるのである。

以上のように、江戸時代の兵の下層部分である奉公人は、実態としては農民である場合も多かった。したがって、江戸時代の軍隊が専門家集団であるという言い方は、大きく問題があるだろう。

第二章

戦場に行くのはどのような身分の人なのか

兵以外の身分の戦闘参加

前章では、兵の下層を構成している武家奉公人の実態から、兵農分離に対する疑問を記した。ただ、年季奉公人や藩が調達した奉公人の内実が百姓であったとしても、一応は奉公人という身分として扱われていたと考えれば、戦闘に参加する身分は武士・奉公人に限定されていたと言えなくはない。その点で言えば、前章冒頭で記した、戦国大名の軍隊の兵は百姓だったが江戸時代は違う、というような捉え方について、根本的に再検討できたわけではない。

近世の軍隊に、百姓が百姓身分のまま兵として組み込まれていたかどうか、という点に関しては、前章で紹介した熊沢蕃山の「大学或問」の⑦の記述が参考になろう。蕃山は、戦争に民を連れて行くのであれば、奉公人の人件費がかからなくなるので、年貢を安くしてもよい、と述べていた。これを逆に見ると、戦争には百姓を戦闘員として連れて行かないのが普通だったと言える。江戸時代の原則としては、兵はあくまでも武士・奉公人であった。

ところが、そうした原則に反する事例がある。寛永一五年（一六三八）、島原の乱に際して、土佐藩主山内忠義が記した書状の内容を紹介しておこう（『忠義公紀』二、七一一頁）。

（原文）

山分其外、鹿をうち候帳面ニ付印置候者共之内、千人嶋原へ可召連候間、内内を以其用意申付可置候、千挺迄召連候事不成候ば、七八百挺にても可召連候間、其通申付尤ニ候、

（読み下し）

山分その外、鹿をうち候帳面に付け印し置き候者どもの内、千人嶋原へ召し連れるべく候間、内内をもってその用意申し付け置くべく候、千挺まで召し連れ候事成らず候わば、七八百挺にても召し連れるべく候間、その通り申し付けもっともに候、

（現代語訳）

山分その他の鹿を撃つ者として帳簿に記しておいた者のうち、一〇〇〇人を島原に連れていくので、密かにその用意を申し付けておくように。鉄砲一〇〇〇挺を召し連れることができないならば、七・八〇〇でも連れて行くので、その通りに申し付けるように。

忠義は、鉄砲隊の増強のために、山で鹿を撃つ者、つまり猟師を戦場に連れて行こうとし

ているのである。猟師の鉄砲の腕前は武士や奉公人より上かもしれないが、当然ながら軍事の専門家ではない。島原の乱に際して土佐藩が編成しようとした軍隊は、大げさに言うと兵猟未分離であった。

この動員は、大坂の陣以来の戦争ということで、突発的に仕方なく行ったものと考えることもできる。ただ、猟師が帳簿に登録されていたという記述が気になる。いざという時に動員できるように、あらかじめ藩の側で猟師を把握していた可能性もあるのではないだろうか（後の章で説明する、刀狩り以後の鉄砲所持調査の結果である可能性もあり、判断は難しい）。

このように、江戸時代には、武士・奉公人以外を戦闘員にしないという原則がある一方で、それに反することを藩が行っている事例もあることが明らかである。土佐藩の兵猟未分離の事例は、史料に乏しいため、これ以上の追求は難しく、あまり過度に強調はできない。ただ、こうした事例を無視して、原則を強調するのも大きな問題である。そこで本章では、戦争と身分の関係について、戦国時代から江戸時代まで、もう一度、捉え直すこととしたい。

戦国大名の百姓動員

百姓を戦闘員にしないという江戸時代の原則について、戦国時代から確認し直すべきと記したが、実のところ、百姓を軍事動員しようという政策が戦国大名のもとで採られていたことが広く知られている。次に掲げるのは、天正一五年（一五八七）七月末に、関東の大名北条氏直が、相模国栢山《かやま》村に発した定書《さだめがき》である。長くなるため、現代語訳のみ掲げよう（『遺文北条』、三一三三号）。

（現代語訳）

①この郷村では、侍と凡下を区別せず、もしもの御国《おくに》の御用の時のために、動員すべき人員二名の名を書いて提出すること。

②武器は弓・鑓・鉄砲の三つのうち、好きなものを使うように。ただし、槍は竹柄でも木柄でも、二間（＝約三・六メートル）より短いものは不要である。権門（＝権力を持つ者。貴族や寺社、武士など）の被官（＝家来・家臣・奉公人）や、陣夫役をしていない者、あるいは商人・細工人（＝職人）などを、一五歳から七〇歳までの間で記すこと。

③腰に差す旗指物は、武士であるかのように支度すること。

④良い者（＝屈強の者）を選んで（村に）残し、（弱々しい）人足のような者を提出するようであれば、判明次第この村の小代官の首を斬る。

⑤この働きをしっかりと勤めれば、侍でも凡下でも、望みに従って恩賞を与える。
⑥右はもしもの時の御用である。八月晦日までを期限として、右の武器を支度し、村での請負、その人のリストを、来月二〇日に知らせること。

この定書は、簡単に言うと、もしもの時にはこの村から戦闘員として二名徴発するのでリストを提出するように、というものである。ただ、細かい説明をしないとその意義がわかりにくいため、以下に解説していこう。

まず、①の「侍と凡下を区別せず」である。侍とは、江戸時代の例では大名に仕える武士か若党が思い浮かぶが、田中稔氏の研究によると、本来はそうした戦闘員だけではなく「さぶらう」という言葉の通り、人に仕える者全般を指す言葉であり、その後、平安・鎌倉期に六位以下の位階を得た者の呼称となっていた。一方で、鎌倉時代以後は侍になれる者、その一族を指す名称ともなっており、一般民衆である凡下の対立概念としての意味で用いられるようになっていたという［田中一九九一］。

この定書に出てくる侍は、右の定義とも異なり、村落内身分としての地侍である。中世の村では、村の上層百姓が指導層として村落内で特権を行使しており、彼らが村の中で侍と呼ばれていた。ただ、北条氏から見れば、侍も凡下も栢山村の百姓である。百姓を動員する命令が出た時に、村内で侍と凡下がその役割を押しつけ合う可能性があったため、あらかじめ、どちらも動員対象であると規定しておいたのだろう。その百姓を動員し、弓・槍・鉄砲といった武器を使わせようというのだから、これは明らかに百姓を戦闘員とする命令であったと言える。しかも、①では二名を負担させるとしているにもかかわらず、②では悉皆《しっかい》調査を命じていることは、この命令の本格さをうかがわせるものとなっている。

本来戦闘員ではない者を動員するということで、不安があったのだろう。北条氏では少しでも本来の戦闘員同様になるよう、見た目を武者らしくするように命じたり（③）、兵として十分な働きができるような者を記すように命じたりしている（④）。④で処罰の対象として出てくる小代官とは、領主側が年貢徴収などのために村の有力者を任命したものであり、村人を把握するのにうってつけの役職であった。

こうした動員について、北条氏の事例を検討した藤木久志氏によると、当初は「人改め」といって村から申告させていたが、やがて領主のもとに直接、村民を出頭させて調査する「着到《ちゃくとう》」方式も採られるようになっていったという［藤木一九九三］。また、ここでは二名という割り当てがなされているが、他の村の事例も見ると、村の貫高《かんだか》（＝村高）、つまり村の規模に応じて二〇貫に一人の割り当てとなっていたらしい。栢山村の動員命令にもあるように、負担させる人数は無制限ではなく、ある程度の基準を設けていたのである。こうした制限を設けておかないと、民衆に大きく反発されて、動員どころか支配自体がままならなくなる恐れがあったのであろう。

さらに他の文書を見ると、たとえば、相模国木古葉《きこば》村宛の掟書では、「この村にいる者は、侍・凡下ともに二〇日間雇う」と記されている（『遺文北条』、三三五〇号）。百姓の動員は、正規の武士や奉公人とは違い、期間限定だったのである。同様の命令を出した武田勝頼の天正五年（一五七七）の条目では、「二〇日以後は、命令がなくとも、軍役衆以外は村に戻す」と規定されていた（『遺文武田』、二八三七号）。二〇日間を過ぎても動員し続けようとしたのではなく、しっかりと帰るよう念を入れて明文化していたのである（軍役衆については後に説明）。この点は、やはり百姓側の反発を恐れた限定と考えるのが妥当である。また、百姓が本来、耕作に従事すべき立場であったことを考えると、農村の荒廃を恐れて帰らせたという事情もあったものと思われる。

この動員にはさらなる限定が設けられていた。たとえば、「給地を与えた侍（＝家臣）がことごとく戦場に出てしまった時は、城々の留守が不足する。（中略）出陣中の留守番として、最寄りの城に入城するように。在城中は兵糧を支給する」という北条氏の命令がある（『遺文北条』、一三三六号）。同じ戦闘員としての動員でも、前線で戦うべき武士・奉公人と、留守番として城を守るべき百姓というように、果たすべき役割が異なっていたのである。武田氏の条目でも、「地下人（＝百姓）は、（中略）山小屋に入れ、敵が逃げる時や、敵の通路をさえぎる時に呼んで働かせること」とあり、主戦場での戦闘要員ではなく、通路遮断に用いようとしていた（『遺文武田』、二五一四号）。

百姓の戦闘員としての動員と記してしまうと、前線で百姓が足軽と同じように働く光景を想像してしまうかもしれない。しかし、戦国大名の百姓動員は、右に見たように、武士・奉公人の動員とは明確に区別した上でなされていたことを忘れてはならない。

百姓動員の原理

戦国大名による、限定された用途での百姓の戦闘員化が、ある程度、制度的に設計されていたことは、これまで見てきた通りである。ここで注意しなければいけないのは、この体制が恒常的に採られていたわけではない、ということである。先に紹介した天正五年（一五七七）の武田勝頼の条目の記述を紹介しよう（『遺文武田』、二八三七号）。

〈原文〉

一、来調儀、守当家、興亡之基相企間候之条、領中之貴賤、十五以後六十已前之輩、悉

被申付、以廿日之滞留出陣憑入候事、

（読み下し）

一、来たる調儀、当家を守り、興亡の基を相企む旨に候の条、領中の貴賤、十五以後六十已前の輩、ことごとく申し付けられ、廿日の滞留をもって出陣憑《たの》み入り候事、

（現代語訳）

一、今度の戦争は、当家（＝武田家）を守り存続をかけて計画したものですので、領内の身分の高い者も低い者も、一五歳以上六〇歳以下の者は、ことごとくお命じになって二〇日間の期間を区切って出陣を頼みます。

勝頼は、武田家の行く末を決める重要な戦争だからこそ、百姓を動員するのだと言う。逆に言えば、百姓の動員は恒常的にできたのではなく、大名家の一大事に限っていたことになる。同じく北条氏の事例も紹介しておく（『遺文北条』、一三八五号）。

（原文）

抑か様之乱世之時者、去とてハ其国ニ有之者ハ、罷出不走廻而不叶意趣ニ候処、若令難渋付而者、則時ニ可被加御成敗候、

（読み下し）

そもそもか様の乱世の時は、去りとてはその国にこれある者は、罷り出で走り廻らずして叶わざる意趣に候処、もし難渋せしむについては、則時に御成敗を加えらるべく候、

（現代語訳）

そもそもこのような乱世の時は、その国にいる者は出てきて尽力しなくてはいけないところ、もし渋るような者がいたならば、即時成敗すべきである。

ここでは、乱世の時だから、百姓は北条氏のために出陣するのが義務だという。こちらは随分と強権的な文面に見えるが、実は武田信玄の軍勢が北条領に迫ってくることを想定した命令であった。冒頭の「このような乱世の時」というのも、戦国時代一般というよりは、そうした領国の危機に限定して読まれるべき言葉である。北条氏もまた、恒常的な動員体制を敷いていたわけではなかったのである。

こうした、原則外の臨時動員のあり方から、本章の課題である身分と戦争について、勝俣鎮夫氏の考察によりながらまとめてみよう［勝俣一九七六B］。

まず、百姓動員が契機・条件ともに限定的であることから見て、本来、彼らは非戦闘員であることが原則となっていた。北条氏が、「給地を与えた侍」が戦場に出払ってしまったら、籠城するようにと言っていたように、武士・奉公人は大名から給地をもらい、代わりに戦場に出陣する軍役を勤めることが義務になっていた。百姓の場合は、年貢を支払うことが義務であって、武士のような給地をもらっておらず、戦闘をしなくてもいい。戦国大名は、本来は百姓を戦闘員と見なしていなかったのである。

ただし、百姓は非戦闘員として戦場に連れて行かれることがある。陣夫や夫丸と呼ばれる役がそれであり、先にも少し記したように、戦争の際に兵糧などを運搬する、輜重隊としての役割であった。この陣夫役は村ごとに村高に応じて何人出すかを決めておき、いざ戦争という時に供出することになっており、誰を出すかは村側が決める。

北条氏の領内の村では、こうした輜重隊としての働きもあまり好まれていなかったようで、夫銭《ぶせん》と呼ばれる一種の税を支払うことで、陣夫の提出を免除された例もある。労働を免れるために現金を出すというこのシステムは、支払われた銭で、大名側が陣夫を別に雇うことになっていたのであろう。だが、江戸時代の奉公人と同様に、需要と供給がかみ合わず、陣夫

『雑兵物語』より「陣夫」（東京国立博物館蔵 Image: TNM Image Archives）

を雇えなかった場合もあるようで、「今度馬《うま》廻《まわり》の陣夫が足りないので、本来のように夫丸を出すように。ずっと夫銭でいいという命令を過去に出している村ならば、その旨を言うように」という命令が出ている事例もある（『遺文北条』、八九三号）。

　このように、武士・奉公人は戦闘員となって軍役を果たし、百姓は年貢を支払うとともに非戦闘員として陣夫役を果たすという、身分別の役負担の原則が、戦国大名のもとで採られていた。しかし、領国の危機の際には、この原則を破って百姓が限定的に戦闘員として動員されたのであった。そうしてみると、本章の最初に見た江戸時代の原則は、戦国大名のものと変わらないと言える。

　こうした原則の連続性を指摘した勝俣氏は、

大名に仕えて軍役を負担する兵と、大名に仕えない農という、負担する役の違いによる明確な区分が戦国大名のもとにあり、戦国時代から兵農分離が成立していたと見た。これは、本書の最初で挙げた兵農分離の要素で言えば㋐・㋔に該当する。その他の要素については満たしていないため、この勝俣氏の考え方には批判も出ているのだが、要素ごとに考えていこうという本書の立場からすると、非常に重要な指摘である。

戦国大名の百姓動員について、続けて藤木久志氏の指摘も見ておきたい［藤木一九九三］。天正五年（一五七七）の武田勝頼の条目には、次のような文章がある（『遺文武田』、二八三七号）。

（現代語訳）

武勇の者を特に連れて行くべきである。最近、人々の噂として、（武田氏は）軍役を補うために夫丸を人数の足しにしていると、敵味方で話されている。これはまことに（武田氏の）名誉を損なう事態であり、当家（＝武田家）の滅亡のきざしであるとともに、皆々個人の滅却のもととなるものであって、よろしくない。

武田氏は、「武田は兵が足りないから百姓の陣夫を用いて水増ししている」と噂が流れたため、このままでは評判が下がって信望を失うことを危惧して、戦闘で活躍できる者を連れて行こうとしているのである。これは必ずしも百姓動員だけを指したものではなく、奉公人も含めた上での実情であったと見られる。ただ、先に触れた北条氏の天正一五年（一五八七）の動員令の④で、「良い者（＝屈強の者）を選んで（村に）残し、（弱々しい）人足のような者を提出するようであれば、判明次第この村の小代官の首を斬る」とあったことから考えると、村の側が武勇の者を出し渋っていたことは間違いない。

ここから藤木氏は、戦国大名の百姓動員は、事実上の徴兵忌避にあっていたと見た。そして、その忌避志向は、武士と百姓の社会的役割の違いが元となって生まれていたと見たのである。百姓は戦場に陣夫として出て行くのが役割であり、武器を取って戦うのは武士の役目だから、屈強な者などは出したくはない、というのが百姓の考えであった。北条氏の動員令の⑤で、働いた者に褒美を約束しているのは、合戦での良い働きを期待して士気高揚を図ったというよりも、〝餌〟を提示することで、何とか兵を出させようという考えだったのではないか。

右の百姓の志向から、藤木氏は「中世的な兵農分離」という要素を見出した。勝俣氏の指摘と同様に、兵農分離の構成要素㋐・㋔を指摘したことになるが、それのみならず、百姓側がそうした志向を持っていたことを、より重視している点が藤木説の特徴である。戦国時代というと、豊臣秀吉でイメージされるような、低い身分から一国一城の主へと立身出世していく人生が、人々の共通の願いだったと見てしまいがちである。そういう者もいたことは否定しないが、実際には、百姓としての生活を送ることを望んでいた人々がかなり多かったことを、藤木説は解き明かしたのである。

軍役衆と郷士

ここまで、百姓を臨時に戦闘員とする戦国大名の政策を見てきた。その中で、武田氏の条目に「二〇日以後は、命令がなくとも、軍役衆以外は村に戻す」とあることを紹介したが、この軍役衆についてはまだ説明していなかった。百姓の動員令に名前が出てくるにもかかわらず、百姓とは明確に異なる扱いをされる軍役衆とは、どのような人々だったのだろうか。勝俣鎮夫氏の指摘をもとに解説したい［勝俣一九七六A］。

軍役衆と百姓の違いを端的に表わす事例として、永禄《えいろく》六年（一五六三）、武田氏が恵林寺領に行った検地の検地帳を抜粋して現代語訳を示そう（『山梨県史』資料編四、一二九五号）。

（現代語訳）

軍役を勤める御家人衆
（中略）
一、二貫七〇〇文　本成方　萩原弥左衛門尉
二貫　三〇文　踏出　免除
（中略）
同所の惣百姓
（中略）
一、二貫三九〇文　網野新九郎
元は七五〇文
このうち、九五六文を引く。
残りの納めるべき分は一貫四三四文である。

「軍役を勤める御家人衆」、つまり軍役衆である萩原弥左衛門尉と、「惣百姓」、つまり百姓である網野新九郎の部分を掲載した。彼らはどちらも村に住み、年貢を負担していた。検地以前は萩原弥左衛門尉が二貫七〇〇文、網野新九郎が七五〇文である。ところが、この永禄六年（一五六三）の検地で、これまでより大幅に土地把握が進んだ。萩原弥左衛門尉は踏み

出し分（＝検地による新たな把握分）が二貫三〇文で、合わせるとこれまでの一・七倍強となり、網野新九郎にいたっては、元の分と踏み出し分との合計値が二貫三九〇文となり、今までの三倍強となったのである。検地という政策が、年貢のアップに大きな威力を発揮することがよくわかるだろう。

問題は、この両者の踏み出し分の扱いである。萩原弥左衛門尉の部分を見ると、踏み出し分が免除されることになっている。つまり、弥左衛門尉が支払わなければいけない年貢は、検地の前後で変わらなかったことになる。一方、網野新九郎は九五六文分だけ免除され、一貫四三四文の年貢を支払うこととなった。元の年貢と比べると、一・九倍強の年貢を払わなければならなくなったのである。踏み出し分一貫六四〇文（二貫三九〇文から検地以前の高七五〇文を引いた値）のうち、六割弱（合計値二貫三九〇文の四割分にあたる）だけが免除されたことになる。

踏み出し分の全額免除と六割免除の違いが、どこから出てきたのかは明らかであろう。萩原弥左衛門尉は軍役衆であり、戦争の際には戦闘員として出陣しなければならないため、新たな年貢を負担しなくてもよかったのである。弥左衛門尉の踏み出し分二貫三〇文は、実質的に彼の領地（給地）として認められたと言えるだろう。こうした原則はこの二名だけではなく、他の事例を見ても、軍役衆は基本的に踏み出し分免除（大名以外に対する負担が踏み出し分の中にあった場合は除く）となり、百姓は踏み出し分の二割あるいは合計値の四割のみが免除されて、結果的に増税となることになっていた。

軍役衆と百姓の扱いが、軍役を勤めるか否かで明瞭に異なっていたことが理解できたことと思う。軍役衆は、「御家人」と記されているように、武田氏の家人＝家臣・給人として把握されていた。したがって、軍役衆の事例は、百姓動員の事例から見た身分別役負担の原則と、同様に把握することができる。勝俣氏は、武田氏以外にも北条氏や今川氏も同様に軍役衆を設けていたとし、戦国大名検地によって軍役衆と百姓が分かれる兵農分離がなされたと指摘している。

さて、こうした軍役衆の取り立て策は、いわば百姓（地侍層）を武士として取り立てる政策と言える。となると、この軍役衆取り立ての事実から、「戦国大名は百姓を武士にしていたから兵農分離していないのだ」という見方をする人も出てくるだろう。そうした見方に対しては、先に触れた奉公人の事例だけでも十分反論は可能だが、そもそも軍役衆のようなものが戦国時代以後に存在しないと考えることが誤りである。江戸時代の郷士について見てみよう。

郷士については、本書の序章で触れた大石久敬の「地方凡例録」の④の部分に記されているように、鹿児島藩を初めとする西日本の藩を主としてそれに類する制度が存在していたことが知られている。ここでは土佐藩の事例を見てみたい。

土佐藩の郷士制は、通説では慶長一八年（一六一三）の慶長郷士、寛永三年（一六二六）の初期郷士と二段階の取り立てを経て、正保《しょうほう》元年（一六四四）に奉行（土佐藩では政務を執る家老のこと）の野中兼山《のなかけんざん》が大々的に郷士を取り立てたことで、本格的に開始されたと見られている。この通説は、一九世紀に成立した「郷士開基論」に記された説をベースにしているが、実際には、郷士に類似する在村の家臣はもう少し早くから存在しており、しっかりと制度化されたのが野中兼山の時期であったと見られる［平井二〇一三B］。

野中兼山の時期の郷士制（正保の百人衆郷士）は、新田開発をした者の中から郷士を取り立てる制度であった。具体的には、まず希望者が新田畠の開発を藩に申請し、藩の許可を得て郷士となるのである。実際に取り立てられて郷士になった淡輪四郎兵衛《たんなわしろべえ》が記した「郷士録」によると、取り立ての事情は次の通りである（「郷士録」、三八三頁）。

（原文）

一、正保之頃　忠義様、野中伯耆殿へ被仰付　御国中ニ而新田開発被成候、此故ハ、先国主元親公ニ被仕候侍共埋居候を不便ニ被思召、名有者共之子孫を選、右新田を以被召抱郷侍と号、御留守居備ニ被仰付候、然に我等事は親他国者元親には不仕候へ共、

先祖之改有之折節、右郷侍に出、

（読み下し）

一、正保の頃　忠義様、野中伯耆殿へ仰せ付けられ　御国中にて新田開発成され候、この故は、先国主元親公に仕えられ候侍ども埋もれ居り候を不便に思し召され、名ある者どもの子孫を選び、右新田をもって召し抱えられ郷侍と号し、御留守居備に仰せ付けられ候、しかるに我等事は親他国者元親には仕えず候えども、先祖の改めこれある折節、右郷侍に出、

（現代語訳）

正保のころ（一六四四―四八年）、藩主山内忠義様が、野中兼山にお命じになって、国中で新田を開発なさいました。この理由は、以前の国主であった長宗我部元親に仕えていた侍たちが埋もれているのを不憫にお思いになり、名のある者たちの子孫を選んで、右の新田をもって（藩に）召し抱えなされ、「郷侍」と呼んで御留守居備《おるすいぞなえ》にお命じになったためです。ただし、私は、親が他国の者で元親には仕えていませんでしたが、先祖の調査があった時に、右の郷侍に志願した。

一七世紀半ばに土佐藩が新田開発を行ったが、それは長宗我部の遺臣を郷士（初期の土佐藩の郷士は「郷侍《ごうざむらい》」と呼ばれることが多い）として召し出すためであったという。この記述からわかるように、この郷士取り立ては、先祖が武士であることが前提である。とすると、「土佐藩の郷士は、あくまでも元武士の家系を対象としているのだから兵農分離している」という見方をする人も出てくるだろう。だが、土佐藩が成立してから郷士に取り立てられるまでの五〇年近くは、百姓として生活していたのだから、百姓からの取り立てと解釈するべきである。

なお、「郷士録」によると、郷士は忠義が長宗我部遺臣を哀れんで取り立てたことになっているが、それを記した淡輪四郎兵衛自身が他国者（中世に和泉国の武士として淡輪氏がおり、その子孫）であったことが象徴するように、目的は別にあった。長屋隆幸氏によると、当時の土佐藩は異国船来航に備えた軍事力整備に取り組んでおり、郷士もその一環に位置づけられるという［長屋二〇〇四］。戦闘員は武士・奉公人である、という原則を踏まえて、その戦闘員を増やすために百姓を郷士という身分に引き上げていたと言えるだろう。したがって、軍事力強化のために百姓を武士に取り立て、所持している田畠の一部を給地として与える、という点から、郷士制と軍役衆はほとんど同様の制度であったと見ていいのである。

ちなみに、郷士がなった「御留守居備」は、土佐藩の制度上は士分の最下層にあたる。つまり、この段階での郷士は武士であった。ところが、のちに野中兼山は失脚してしまう。その結果、土佐藩内で郷士の地位は低下していき、武家奉公人層に位置づけられるようになった［荻一九八三。長屋二〇〇四］。

土佐藩では士分を「上士《じょうし》」、奉公人層を「下士《かし》」とも言う。幕末の土佐藩について、長宗我部遺臣の郷士たちが長年、下士として虐げられてきたため、上士への反発をエネルギーとして奮闘した、というストーリーがよく語られる。だが、土佐藩全体の流れから見れば、兼山による郷士取り立てがなければ下士にすらなれなかった遺臣もかなり多かったとも言えるのである。しかも、郷士身分を売買することも行われるようになっていたから、幕末の郷士には長宗我部とは縁もゆかりもない者も多かったと見られる。ただこれも、当人たちがどう感じていたかは別問題であり、彼ら個人ごとの行動原理を実証的に調査することが必要である。本書の論ずべき課題からは外れることになるため、ここでの言及は止めておこう。

中世と近世の兵身分

以上、本章では戦争と身分の関係について紹介してきた。主要な点をまとめておこう。

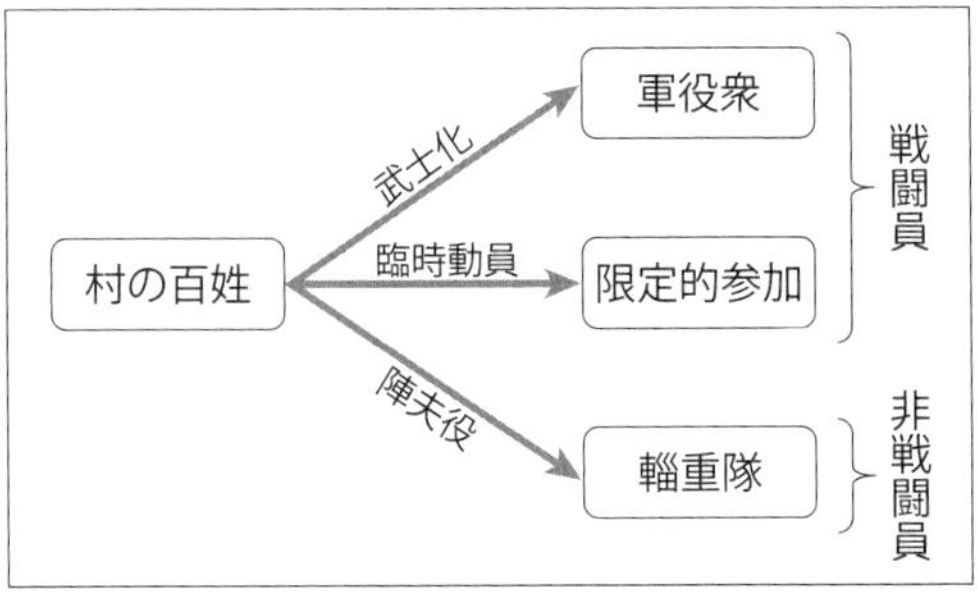

村人が戦場へ行くパターン

まず、原則を確認すると、武士・奉公人は給地をもらい、軍役を賦課されて戦闘員として働き、百姓は年貢を納めて非戦闘員として陣夫役を勤める、という身分別の役割分担がある。これは、戦国時代にも、江戸時代にも共通した原則であり、身分と役という点のみから兵農分離を語るならば、どちらの時代も兵農分離が基本であったと言える。こうした戦争と身分の関係を百姓側が強く意識しており、そのため軍事動員への抵抗も出ていたと見るのが、藤木久志氏が唱えた「中世的兵農分離」という概念である。江戸時代との共通性を考えると、「中世的」という言葉をつけることには少し躊躇も覚えるものの、ひとつの考え方として重要である。

一方、その身分別役負担の原則を破るかのような、百姓の軍事動員という制度を戦国大名が採っていた。これは、戦闘員不足を百姓の臨時徴発で補おうという窮余《きゅうよ》の策であるが、恒常的な動員ではないこと、日数や働く場所が武士・奉公人とは区別されていることなど、本来の身分別負担の原則が動員内容に色濃く反映されていた。そのため、「戦国大名は百姓を戦闘に参加させていた」と述べるのは、事態の一面のみを過剰に強調した意見であると言える。しかも、猟師を臨時に動員しようとしていた土佐藩のような事例もあるから、江戸時代に民衆動員がまったくなかったとは言えない。土佐藩の他にも、江戸時代の末の長州攻めにあたって、江戸幕府が、手薄な江戸城を警備するための民兵を徴発しており、藤木氏はこの事例と戦国時代の北条氏らの民衆動員の事例の類似性に注目している。とすれば、民衆動員についても、両時代の違いを大きなものと強調することには疑問が残るだろう。

身分別役負担の原則を踏まえた上で、軍事力強化のために百姓を武士として取り立てようとするのが、戦国大名の軍役衆である。百姓を武士へと身分移動させているのだから、身分別役負担に沿っているとも言えるし、身分が流動的であるとも言える。しかし、江戸時代の藩が採った郷士制も、基本的には同様の制度と見ることができるから、ここでも両時代の連続性が見られることになる。

なお、序章で紹介した大石久敬の「地方凡例録」の④・⑤の部分では、各地の藩が採用している郷士制を、兵農未分離のものとして紹介していた。一方で筆者は、身分別役負担の原則に沿ったものとして軍役衆と郷士制を捉えている。筆者と久敬の違いが生じているのは、筆者が兵農分離の特徴㋐・㋔（戦争・身分制）から郷士制を見たのに対して、久敬が㋑・㋒（土地所有・居住地）から見ているためであって、それぞれ視角が異なっているからである。

㋑・㋒の側面については、郷士だけではなく、他の士分・奉公人もあわせて考えなければいけないため、のちの章で見ていくことにしたい。

第三章　「身分法令」と人掃令はなにを目指したのか

「士農工商」について

次は、特に近世の身分制と兵農分離の関係について、豊臣政権の政策を読み直しながら、解説していく。身分制に関してはこれまで、多くの政策が検討されており、一つの章でまとめると長くなってしまうため、第三・四章と二つの章に分けて記したい。本章では、かつて近世身分制を形づくる法令と評価されてきた「身分法令」と、その評価に大きくかかわる人掃令《ひとばらいれい》に触れていく。

かつては、江戸幕府が支配のために、日本の人々を「士農工商（武士・農民・職人・商人）」の四つの身分に分類する身分制を作り、人々はそれに縛られてきたと考えられていた。士農工商の順番はそのまま身分の序列を表わすもので、商人は農民よりも下の身分だったとする見方もあった。また、「かわた・非人」といった被差別民がいたことから、士農工商が基本的身分であり、さらにその下に被差別民が位置づけられていたとも見られていた。

ところが現在では、士農工商という概念の使用には、慎重な姿勢を示す研究者が多い。高校の日本史教科書でも、たとえば、山川出版社の『詳説日本史B』の二〇一二年版を見ると、支配身分としての武士と被支配身分としての百姓・職人・町人を説明したのちに、こうした社会秩序を士農工商と「呼ぶこともある」と説明しており、士農工商が幕府の作った制度であったとは記していないのである。日本史教科書の記述の変化を取り扱った書籍が最近出版されているが、そこでも変化の一つとして、士農工商という言葉が取り上げられている［高橋ら二〇一六］。

　ただ、実際のところ、江戸時代の史料を見ていくと、当時の人々が士農工商という言葉を使っていることも事実である。では、なぜ士農工商という言葉の使用に慎重な態度を示す研究者が出てきたのかというと、その理由はいくつか挙げることができる。

　一つには、士農工商という言葉が、江戸時代よりもずっと前から使われていたことである。春秋戦国時代の『春秋穀梁伝《しゅんじゅうこくりょうでん》』や『管子《かんし》』という書物、すなわち紀元前の中国で、すでにこの言葉が使われており、士農工商という言葉自体は海外からの輸入概念なのであった。そしてその内容は、人々が就く職業、あるいはそうした職についている人々の総称であって、身分の序列を表わしたものではなかったのである。日本での用例は、応仁の乱直前の時期に作られた謡曲「善知鳥《うとう》」であるとされているが、それを指す別の呼び方として「四民」が古代の『続日本紀《しょくにほんぎ》』や南北朝時代の『神皇正統記《じんのうしょうとうき》』で使われており、一五世紀には蓮如が「侍能工商」という言葉を使っている。

　ただし、この概念は日本では変化している。士農工商の士は中国では「士大夫《したいふ》」という階層を指しており、武士ではない。また、四民の中で上位と見られているが、あくまでも四民の中で捉えられていた。ところが日本では、戦国時代頃から、士＝武士と見なすようになり、さらに農工商よりも上位の支配身分として位置づけるようになった［朝尾一九九二。堀二〇一一］。

このように、士農工商という言葉は輸入概念が変容していったものである。そのため、江戸時代の身分制を表わすものとして強調すると、まるで江戸幕府が作った新たな言葉であるかのように誤解させてしまうことになるだろう。

また、日本での用いられ方は、少なくとも戦国時代から江戸時代前期では士が上位で農工商が下位という二段階（あくまでも士農工商の中では）であって、士農工商の四段階の序列ではないから、この点でも誤解を招く言葉となってしまっているのである。実際の制度としても、農工商を言葉の順に序列化しようとしてはいない。

ところが、江戸時代に書かれた書物の中には、農工商が身分の序列を表わしている（から農は大事だ）と記すものもある。一八世紀末、藤田幽谷《ふじたゆうこく》が記した「勧農或問《かんのうわくもん》」の記述を見てみよう（「勧農或問」、二一三頁）。

（現代語訳）

いにしえから士農工商といって、農は士に次いでいるのに、昔は農から士になったが、今は、郷中の農民を土百姓と言って人々が卑しんでおり、商売をして金を貯めればにわかに郷士になって、昨日までの親戚や同僚でも場合によっては手討ちにしたりする。城下町の町人は、もともと村にいたころは筋目もない人々であり、あるいは百姓の釜譜代（下男・下女が生んだ子）であったが、城下町へ移って少し年月を経て、金があれば藩の祭礼に参加したり、藩主の送り迎えに参加したり、甚だしい者は登城して（藩主に）お目見えしたりする。百姓こそ百の姓があるはずなのに、卑しければ名乗ることができず、庄屋・組頭であっても自由に上下《かみしも》を着ることはできない。（それに対し）町人は家名があって、他には許されない苗字も、金を払って許されている。上下を着ることは、普通の町人でも、今は屋敷さえ持ち、担ぎ棒を担がなければ（＝貧しい者でなければ、の意か）、できるようになる。

幽谷は、農は士に次ぐ身分であったはずなのに、町人のほうが優遇されていることを疑問としている。これを見ると、同時代人の幽谷が言っているのだから、やはり農が士の次で工商よりも上だったのではないか、と考えたくなるだろう。しかし、江戸時代の農が町人よりも上の待遇を受けていたわけではないことは、他ならぬ幽谷自身が町人の特権を説明していることから明らかである。農が士に次ぐ身分というのは幽谷の理想であって、現実ではなかったと見るべきなのである［朝尾一九九二］。

士農工商という言葉が、江戸時代に存在していたさまざまな人々を網羅しきれていないことも重要である。たとえば、朝廷に仕える公家は、大名などの武士と並ぶ領主階層であるが、「士」が武士を指すとすると、士農工商の範疇《はんちゅう》には入っていないことになる。公家は四民ではないから外れるということもできるだろうが、だからといって、彼らを無視するのは問題であろう。他には、遍歴して生計を立てる宗教者や芸能者などもおり、彼らも士農工商から外れている。中国での本来の語義からすれば、士農工商は代表的な職業であって、これしか職業がないという意味ではない。ところが、士農工商が身分制であると説明してしまった瞬間に、日本人は全員が士農工商の四つの身分に区分されたという誤解がもたらされてしまう。

江戸時代の身分の多様性については、一九九〇年代から身分的周縁論として研究が進んでいる。士農工商という言葉では捉えきれないさまざまな人々の存在を明らかにしていくこの議論は、江戸時代の社会像を豊かにしていく意義を持っている（『身分的周縁』『近世の身分的周縁』『身分的周縁と近世社会』など）。こうした研究によって、今後は士農工商という概念の相対化がますます進んでいくことであろう。

なお、近年（二〇一六年）の一時期、インターネット上でこの士農工商について話題となっていたが、ＳＮＳなどでは「教師に嘘を教えられていた」とか「騙されていた」などという書き込みも見られたため、少々驚いた。「自分は悪意を持った人に騙されているに違いない」というよくある思い込みが、研究成果による書き直しに対しても向けられていたのである。あまりうまいたとえではないが、こうした感想は、ガンの治療法が研究で見つかったというニュースに「今までガンが治らないと言っていたのは、我々を騙していたのか」と怒るようなもので、生産的な思考とは言えないだろう。研究は、時に過去の時代も含め、物事に対する見方を大きく変えることもあるということを理解していただきたい。

「身分法令」と奉公人

次に、身分をめぐる法令について触れていこう。

近世の身分制あるいは兵農分離制を形づくったのは、豊臣秀吉の政策であるというのが長らく通説であったことは、本書の冒頭で述べた通りである。秀吉以前に政権を作った織田信長の場合、身分制に関する法令などが見られず、どのような構想を抱いていたのかもわからない。それに対して秀吉のほうは、近世の身分にかかわる法令を制定していたとされているのである。

羽柴秀吉像（高台寺蔵）

　その法令は、研究者によって「身分法令」とか「身分統制令」などと呼ばれ、教科書でもそれらの名前で説明されてきた。ところが、これもまた本書冒頭で触れたように、高木昭作氏の研究によって、その理解が不正確であることが明らかにされた［高木一九八四］。有名な史料であるので、以下に法令そのものの内容を説明しながら、高木氏の説を紹介していきたい。なお、この法令が身分を統制する法令であるか否かという根本的問題もあることから、ひとまずかぎかっこをつけて「身分法令」と記していくことをあらかじめ断っておく。

　「身分法令」とは、具体的には天正一九年（一五九一）八月、当時関白だった豊臣秀吉（年末に関白を甥の秀次に譲る）によって発給された朱印状のことを指す。この朱印状は、立花家や毛利家など、複数の大名家に残っていることから、かなり広範囲、おそらく全国を対象とした法令であったことがほぼ確実である。全部で三ヶ条あるため、①〜③の数字をつけて載せよう

(「浅野家文書」、二五八号)。

(原文)

①一、奉公人、侍・中間・小者・あらしこに至るまて、去七月奥州へ御出勢より以後、新儀ニ町人百姓ニ成候者有之者、其町中地下人として相改、一切をくへからす、若かくし置ニ付而ハ、其一町一在所、可被加御成敗事、

②一、在々百姓等、田畠を打捨、或ハあきなひ、或賃仕事ニ罷出輩有之者、其ものゝ事ハ不及申、地下中可為御成敗、幷奉公をも不仕、田畠もつくらさるもの、代官給人としてかたく相改、をくへからす、若於無其沙汰者、給人くわたいには、其在所めしあけらるへし、為町人・百姓於隠置者、其一郷同一町可為曲言事、

③一、侍・小者ニよらす、其主にいとまをこハす罷出輩、一切かゝへへからす、能々相改、請人をたて可置事、但右者主人有之而、於相届者、互事候條、からめとり、前之主の所へ相わたすへし、若此御法度を相背、自然其ものにがし候ニ付てハ、其一人の代ニ三人首をきらせ、彼相手之所へわたさせらるへし、三人の代不申付ニをひては、不被及是非候之條、其主人を可被加御成敗事、

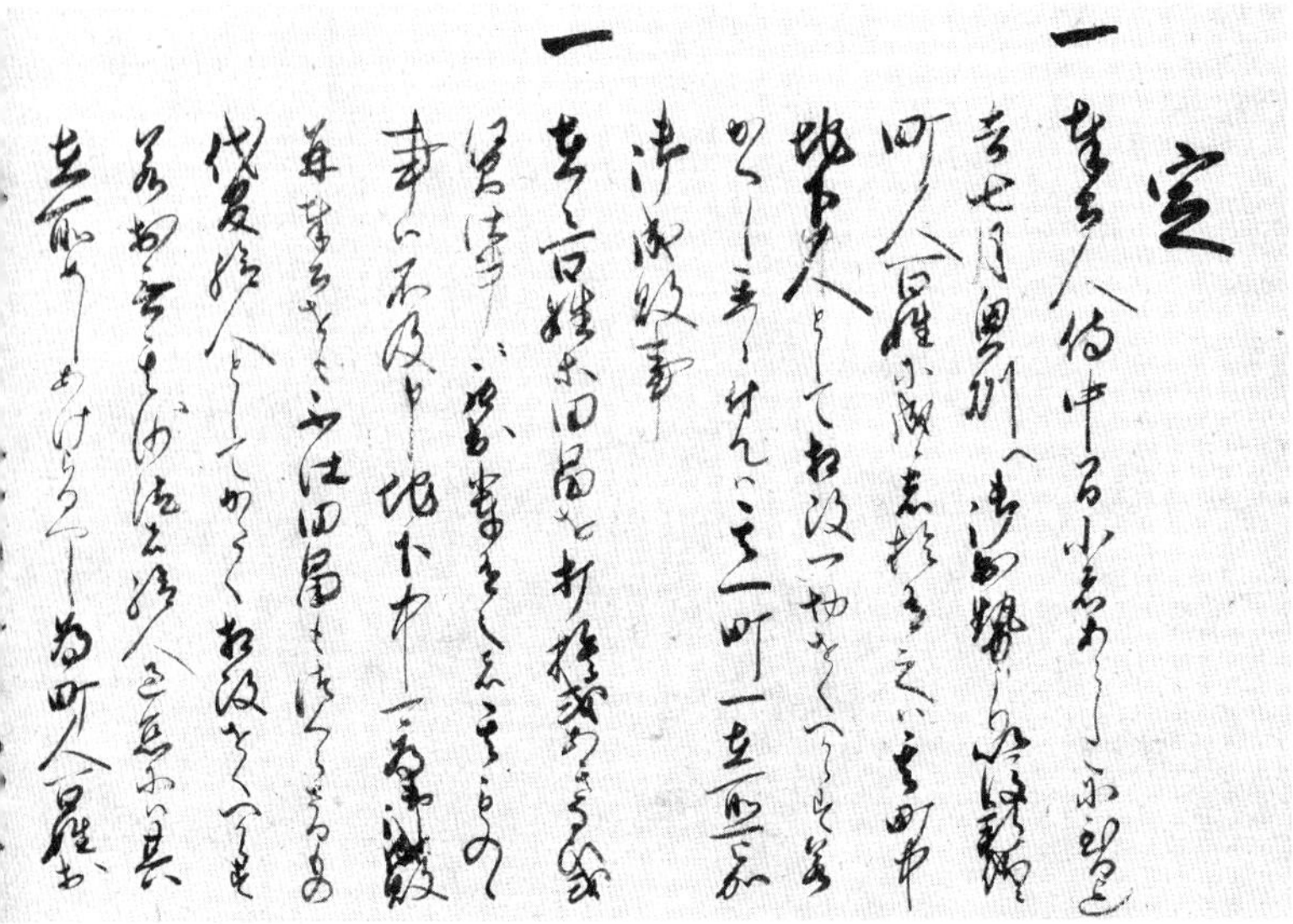

（読み下し）

①一、奉公人、侍・中間・小者・あらしこに至るまで、さんぬる七月奥州へ御出勢より以後、新儀に町人百姓に成り候者これあらば、その町中地下人として相改め、一切おくべからず、もしかくし置くについては、その一町一在所、御成敗を加えらるべき事、

②一、在々百姓等、田畠を打ち捨て、或いはあきない、或いは賃仕事に罷り出る輩これ有らば、そのものの事は申すに及ばず、地下中御成敗たるべし、ならびに奉公をも仕らず、田畠もつくらざるもの、代官給人としてかたく相改め、おく

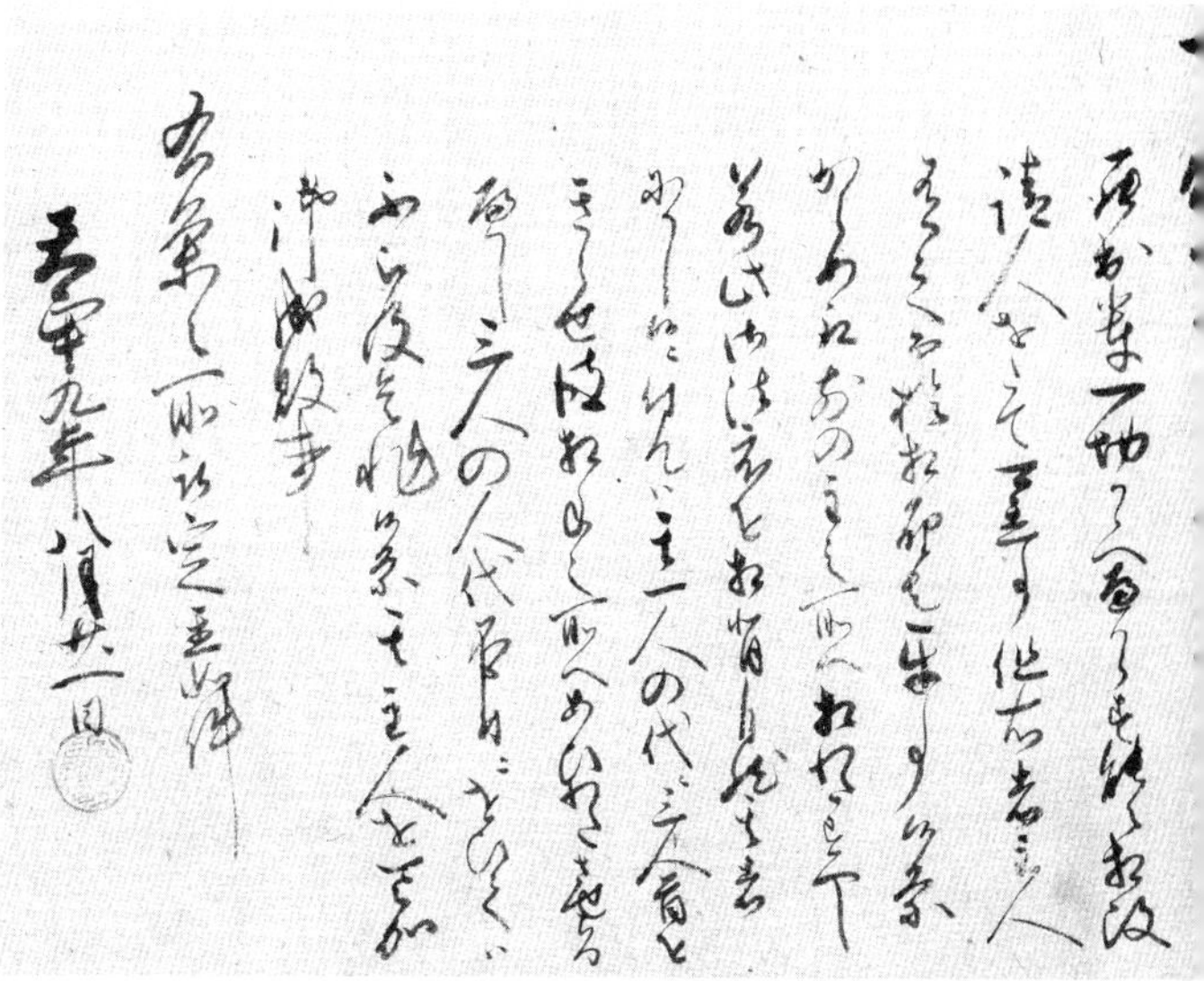

天正19年（1591）8月21日付豊臣秀吉朱印状（「身分法令」　毛利博物館蔵）

べからず、もしその沙汰なきにおいては、給人かたいには、その在所めしあげらるべし、町人・百姓として隠し置くにおいては、その一郷同じく一町曲言たるべき事、

③

一、侍・小者によらず、その主にいとまをこわず罷り出る輩、一切かかえべからず、よくよく相改め、請人をたて置くべき事、ただし右の者主人これありて、相届くにおいては、互いの事に候條、からめとり、前の主の所へ相わたすべし、もしこの御法度を相背き、自然そのものにがし候に付いては、その一人の代に三人首をきらせ、かの相手の所へわたさせらるべし、三人の代申し付けざるにおいては、是非に及ばれず候の條、その主人を御成敗を加えらるべき事、

（現代語訳）

①一、奉公人、侍・中間・小者・荒し子にいたるまでは、去る七月に奥州に御出陣以後、新たに町人・百姓になる者がいたならば、町中・地下人《じげにん》（＝町人・村人）が調べ、一切居住させるべきではない。もし隠しおいたならば、その町・村を成敗する。

②一、村々の百姓らが、田畠を捨てて、あるいは商売、あるいは賃仕事（＝奉公人）に出ている者がいれば、その者は言うにおよばず、村の住人も成敗する。また、奉公もせず、田畠も作らない者は、代官・家臣としてしっかりと調べ、居住させるべきではない。もし（調査を）怠れば、家臣の怠慢であれば領地を取り上げる。町人・百姓が隠していたならば、その村・町全体の罪とする。

③一、侍・小者によらず、主人への断りなしに（辞めて）出て行った者は、一切（奉公人として）雇ってはいけない。よくよく調べ、請人を立てて雇うこと。ただし右の者の主人がいて、（自分の奉公人が勝手に辞めたということを）届け出ていれば、お互いのためになるので、（請人がいたとしてもその奉公人を）捕まえてもとの主人に渡すように。もしこの法令に背き、万が一、その者を逃がしたならば、その一人の代わりに三人の首を切り、相手のところに渡すように。代理の三人を用意しないのであれば、仕方が

ないので、その主人に成敗を加える。

かつては、①の「侍」を武士と解釈し、武士から武家奉公人までの階層が、町人・百姓へと身分を移動することを禁じる法令とされていた。また②も、百姓が商人や奉公人へと身分移動することを禁じ、さらに、武士・武家奉公人の村への居住を禁じる法令だと考えられてきた。いわば、兵農分離の特徴㋒（居住地の変化）・㋔（身分の分離）を日本全国の国家的体制として法制化したものと見なされていたのであり、それゆえに「身分法令」や「身分統制令」と呼ばれてきたのである。

本書を読み進めてきた読者であれば、右の見方、特に「奉公人」と「侍」の解釈に疑問が浮かぶであろう。だが、史料上に見られる「奉公人」という言葉が、武家奉公人だけではなく武士を含んでいる場合もあることは事実であり、かつての研究者はその視角から①を解釈してきたのだった。私たちがそうした研究者の解釈に違和感を持てるのは、高木昭作氏がこれらの語句の意味を明確に論じたおかげなのである。

高木氏は、①の「奉公人、侍・中間～」といった書き出しについて、江戸幕府の一季居禁令と呼ばれる法令によく似た文章が見られることに注目した。これらの幕府の法令では、大坂の陣のあたりから、「侍」の部分が「若党」に置き換わっていく。実例を示そう。

○慶長一五年（一六一〇）四月二日「定」（『大日本史料』一二―七、一三九頁）

（原文）

一、侍之輩者不及沙汰、中間・小者に至迄、一季者を一切置へからさる事、

附、奉公望之者、一季と相定出すものハ可為曲事事、

（読み下し）

一、侍の輩は沙汰に及ばず、中間・小者に至るまで、一季者を一切置くべからざる事、

附けたり、奉公望みの者、一季と相定め出すものは曲事たるべき事、

（現代語訳）

一、侍の者たちは言うにおよばず、中間・小者にいたるまで、一季者を一切置くべきではない。

付則：奉公したいと望む者は、一季のみの契約とするのは違反であり処罰する。

○元和二（一六一六）年一〇月日「定」（『大日本史料』一二―二五、七〇二頁）

（原文）

一、武士之面々、若党之儀不及申、中間・小者に至迄一季居一切拘置へからさる事、

（読み下し）

一、武士の面々、若党の儀は申すに及ばず、中間・小者に至るまで一季居一切拘え置くべからざる事、

（現代語訳）

一、武士たちは、若党のことは言うにおよばず、中間・小者にいたるまで、一季者を一切抱え置くべきではない。

この二つの法令の内容自体はほとんど変わらないから、「侍」と「若党」は同じ存在を指していると見ていい。したがって、「身分法令」の「侍」も、武士ではなく若党であると、高木氏は見たのであった。ちなみに、ここで問題となっている「一季者」とは、本来は年季奉公人のことを指す。年季奉公人が関ヶ原の戦いの後、急速に普及したことは、第一章で説明した通りであるが、これらの法令はその存在を否定しているように見える。しかし、高木

氏によると、ここで言う「一季者」は年季奉公人そのものではなく、年季奉公が終わった後に浪人になった者のことであり、そうした浪人を都市でぶらぶらさせずに農村に返すことが、この法令の目的であったとされている。

さて、高木氏の研究成果によって、①の「奉公人」は武士および武家奉公人というわけではなく、武家奉公人のみを指すことが明らかになった。ただ、これだけでは「じゃあ、武家奉公人が町人・百姓に身分を移動することを禁じる法令なのか」と思ってしまうかもしれない。そこで③を見ると、侍・小者、すなわち武家奉公人が勝手に辞めて他の主人に奉公することを禁じている。第一章で見た加賀藩の法令で、年季奉公人が欠落（逃亡）することが問題となっていたことを紹介したように、武家奉公人が主人の元から出て行くことは当時の普遍的課題であった。つまり、③は武家奉公人が逃げ出してしまうことを問題視し、なんとか元の主人のところに戻そうとした規程なのである。

奉公人側から見れば、仕事がきついので辞めようとしても認めてもらえず、仕方なく逃げて再就職したのに連れ戻されてしまうのだから、〝ブラック企業〟を後押しする法が作られたようなものであった。この③の部分の立法趣旨は、豊臣政権のオリジナルではなく、逃亡した被官を取り戻そうという領主同士の取り決めが、中世後期に各地で作られている。したがって、豊臣政権だけが〝ブラック〟だったのではなく、中世の段階から労働者の権利は弱かったのだと言える。なお、中世ではこれを「人返し」と言うが、江戸時代後期の改革で行われた、農村復興策としての人返しとは意味合いが異なっていることに注意が必要である。

こうして考えると、①も、逃げ出した武家奉公人が町人や百姓になりすましている状況を打破しようとしたものと見るのが適切である。豊臣政権は天正一八年（一五九〇）、小田原の北条氏を攻めるために遠征しており、これに各地の大名が動員されて長期的遠征を余儀なくされたことから、遠征に嫌気が差した奉公人の逃亡が大量発生していたものと思われる。この法令が朝鮮侵略（天正二〇年〈一五九二〉から）の前年に発令されていることから考えると、朝鮮に奉公人を連れて行かねばならないが、逃げられてしまって全国の武士層が困っているため、連れ戻して働かせたいという事情が、発令の背景にあったと見るのが適切であろう。

朝鮮侵略と奉公人の確保

「身分法令」が朝鮮侵略を契機とした奉公人確保の命令であったという高木氏の説について、実例を挙げながら、もう少し説明しておこう〔稲葉二〇〇三〕。

まず、奉公人の確保という点が、当時いかに重視されていたかである。「身分法令」と同時期に、肥後国の大名加藤清正が出した命令を見てみよう（『新熊本市史』史料編三近世1、四四号)。

(原文)

一、侍・下人ニよらす、よハものをハ可残置候、国者・隣国者たりといふ共、奉公望之者有之者可相拘事、

(読み下し)

一、侍・下人によらず、よわものをば残し置くべく候、国の者・隣国の者たりというとも、奉公望みの者これあらば相拘うべき事、

(現代語訳)

一、侍であろうと下人であろうと、弱い者は残しておくべきです。国(=肥後)の者でも隣国の者でも、奉公を望む者がいれば雇うこと。

清正は、奉公人の中でも弱者は国に置いていくよう命じ、一方で、どこの国の者でもいいから、奉公を望む者を雇うよう命じている。積極的に戦闘要員を確保しようとしていたこと

が明らかであろう。のちの慶長四年（一五九九）頃と見られる書状の中で、清正は家臣に対して「上方《かみがた》は平和だが、秀吉様がご存命の頃のように油断せず、敵と対陣している頃のように心がけるように。奉公人を雇用していない者は領地を没収する」とまで言っている（『新熊本市史』史料編三近世1、七五号）。これは、秀吉死後の不穏な情勢の中で清正が臨戦態勢を説いたものであるが、彼が戦時の奉公人確保を重視していたことが、ここからも読み取れるだろう。

その後、清正は朝鮮に出陣した後も、国許に奉公人を送るよう催促を続けている。特に、鉄砲隊の増員が必須だったらしく、「国中の昔の奉公人をことごとく駆り出して、鉄砲五〇〇挺でも一〇〇〇挺でも早々と（朝鮮に）差し渡してください」と述べていた（『新熊本市史』史料編三近世1、五三号）。こうして清正は奉公人を集める一方で、これまで何度か述べてきた、奉公人の逃亡問題にも頭を悩ませている（『新熊本市史』史料編三近世1、五八号）。次の事例も、清正が奉公人について国許に送った書状であり、逃亡問題と、さらに別の問題も垣間見ることができる（「下川文書」『熊本県史料』中世編五、二四号）。

（原文）

一、今度新庄之侍四・五人相越候、右申遣候ハ、丈夫成者の下人・若党をも慥ニ召連、此方にて軍役等も可仕者にて候ハヽ、可相拘之旨申遣候、此度越候者共、其方より送状ニ令相違、小者一切無之体ニ候、其者無相違参候とても、召連候小者・若党走候へハ、過分の取替、取にけニあい候事候、うさん成もの差越候事、曲事之至候、向後うさん成者差越候者、其取次之者ニ取替之儀出させ可申候間、よく〳〵書付可置候、鉄炮之者幷小者なと之儀も、慥成請人をたて可召置候事、

（読み下し）

一、今度新庄の侍四・五人相越し候、右申し遣わし候は、丈夫成る者の下人・若党をもたしかに召し連れ、此方《こなた》にて軍役等も仕るべき者にて候わば、相拘うべきの旨申し遣わし候、この度越し候者ども、その方より送り状に相違せしめ、小者一切これなき体に候、その者相違なく参り候とても、召し連れ候小者・若党走り候えば、過分の取り替え、取にげにあい候事候、うさん成るもの差し越し候事、曲事の至りに候、向後うさん成る者差し越し候わば、その取次の者に取り替えの儀出させ申すべく候間、よくよく書き付け置くべく候、鉄炮の者ならびに小者などの儀も、たしかに成る請人をたて召し置くべく候事、

（現代語訳）

一、今度新庄の侍四・五人が（朝鮮に）やってきました。このように（人の派遣を）命じましたのは、下人や若党を率いるしっかりした者で、こちら（＝朝鮮）での軍役を勤められる者であれば、雇うべきと命じたのです。今回やってきた者たちは、そちらからの送り状とは違い、小者を一切連れてきていないようです。本人がちゃんと来ても、連れてきた小者・若党が逃げてしまえば、過剰な給与の取り逃げに会うようなものです。怪しい者を送ってくることは、大変けしからぬです。今後怪しい者を送ってきたならば、その取り次ぎをした者に（罰として怪しい者の分の）給与を払わせますので、よくよく書き付けておくようにしてください。鉄砲撃ちの者や小者などについても、しっかりとした請人を立てて雇うようにすべきです。

清正が国許に奉公人の増員を命じたところ、四・五人の侍（この場合は浪人を武士として雇ったのだろう）がやってきたが、彼らは奉公人を連れず単身だったという。武士は奉公人を連れて戦場に出るのが普通であるから、単身で来ても、戦力増加の効果は相対的に低くなってしまう。単身でやってきた侍たちは、奉公人が逃げたと説明したようである。当時の状況からすれば、それもあり得ることであったが、どうも清正は、彼らが金を騙し取っているのではないかという疑いも持っていたようで、今後こうした怪しい者を送ってこないように命じている。
このように、清正は戦争のために人員を増やしたものの、新たに雇った者たちの質にも気を使わねばならなかった。関連するものとして、朝鮮侵略の休戦期である文禄三年（一五九四）に清正が出した書状も見ておこう（『新熊本市史』史料編三近世1、六七号）。

（原文）
一、向後侍ニても下人にてもかゝへ候共、世上せはきものハ無用にて候、今過分の物をとらせめし置、自然俄令帰朝、上方御軍役の用ニも不立候へ者不入事候、惣別此地人多候間、馬乗類のものハむさとめし置候事無用ニて候、但、重宝ニもなるへきもの、慥成ものにて候ハヽ、可拘置候、又鉄炮はなしなとハ慥成者にてさへ候ハヽ、何程も可相拘候事、

（読み下し）
一、向後侍にても下人にてもかかえ候とも、世上せばきものは無用にて候、今過分の物をとらせめし置き、自然にわかに帰朝せしめ、上方御軍役の用にも立たず候えば入ら

ざる事に候、惣別この地人多く候間、馬乗類のものはむざとめし置き候事無用にて候、ただし、重宝にもなるべきもののたしか成るものにて候わば拘え置くべく候、又鉄炮はなしなどはたしか成る者にてさえ候わば、何程も相拘うべく候事、

（現代語訳）

一、今後、侍でも下人でも抱えていても、世間が狭い（＝質が低い？）者は無用です。今過剰に物を与えて雇っていても、いずれ急に日本に帰ってしまい、政権から命じられた戦争の役に立たないのであれば不要です。総じてこの地は人が多いので、馬乗のような者は無駄に抱えることは無用です。ただし、よく働くしっかりとした人物であれば抱えておくべきです。また鉄砲を撃つ者などは、しっかりした人物であればどれほどでも抱えるべきです。

奉公人をたくさん確保した清正だが、どうも質のよくない者も混じっていたらしい。休戦期ということもあって人手が余っていたので、そうした者は雇わないようにと命じている（途中で「馬乗類のもの」とあり、馬乗というと騎馬に乗れる身分＝武士になる。ただ、ここでは馬の口取りといった奉公人を指している可能性もある）。しっかりとした働き者や鉄砲を扱える

者であれば雇うべきと言っているので、単に人を減らしたいのではなく、質の高い軍隊を維持したいという考えを読み取ることができるだろう。

このように、朝鮮侵略時の加藤清正は、戦争のためにとにかく奉公人を多く集めようとする一方、その逃亡や、質の低下に悩まされていた［稲葉二〇〇三］。こうした状況を見れば、「身分法令」が奉公人の確保を主眼としていたことがより理解できるだろう。

さて、朝鮮侵略と「身分法令」の関係について、高木氏はさらに踏み込んだ見解を示している。それは、この法令が、朝鮮侵略中に限った時限立法だったというものである。ただ、おおむね受け入れられている高木説の中でも、この時限立法という見方については否定する見解も多い。

筆者としても、時限立法と見る必要はないと思う。秀吉の意図が、身分を固定することそのものではなく、奉公人の確保だったとすれば、時限立法にする必要があまりないからである。豊臣秀吉が全国に命じたとなると、国家的体制として身分移動を禁じる、といった壮大な目的による法令であったと見てしまいそうになる。だが、実際には、大規模な侵略戦争を目前にして、武家奉公人逃亡という現実的課題を早急に解決しなければならない、という切実な意識による命令だったのであった。

ちなみに、この命令が出されたといっても、それが遵守されたかどうかは別問題であることは、右に見てきた加藤清正の事例から明らかであろう。さらに別の例として、文禄の役の最中である文禄二年二月に秀吉が出した朱印状を掲げておく（「島津家文書」、三七〇号）。

（原文）

在陣上下令退崛逃走由候、然間無手判輩一切不可通用候、若不審族於在之者、搦捕可相越候、勿論隠置付而者、聞出次第一在所可被加御誅罰候、然者人留番所見計、其領主として堅番衆申付、即此御朱印相写、高札可立置候也、

（読み下し）

在陣の上下退崛せしめ逃げ走る由に候、然る間手判なき輩一切通用すべからず候、もし不審の族これあるにおいては、搦め捕り相越すべく候、勿論隠し置くについては、聞き出し次第一在所御誅罰を加えらるべく候、しからば人留番所見計らい、その領主として堅く番衆申し付け、すなわちこの御朱印相写し、高札立て置くべく候也、

（現代語訳）

在陣している日本勢の上下（＝高い身分から低い身分まで）が怠けて逃亡しているといい

ます。そのため、(通行)手形がない者は一切通してはいけません。もし不審な者がいたならば、捕まえて寄越してください。もちろん、(不審な者を)隠し置いたならば、見つけ次第その地域ごと誅罰を加えます。ですので、人留番所(=人の行き来を見張り、管理する番所)を設置し、領主としてしっかり番の衆を置いて、この朱印状を写して高札として立ててください。

朝鮮の日本勢から逃亡者が続出しているので、日本国内で人留番所を作って逃亡者を発見させようという。「身分法令」の趣旨が行き渡り、それを日本勢全体が恐れて遵守しようとしていたならば、このような命令は出さずに済んだはずである。秀吉の対策もむなしく、奉公人たちは戦争の最中にも逃げてしまったのであり、逃亡監視体制を構築せざるをえなくなっていたのであった。

「身分法令」と百姓

いわゆる「身分法令」の①・③が奉公人逃亡対策であったことを確認した。それでは、②はどうだろうか。「奉公人の百姓・町人への身分移動を禁じようとしたわけではなかったとしても、百姓が別の身分になることについては、やはり禁じようとしていたのでは？」という見方も成り立ちうるかもしれない。

だが、①が「武士に仕えて働くはずの奉公人が、逃げて町人・百姓になる」という状況を解決しようとした命令だとすると、②も似た事情を想定すべきである。つまり、「田畠を耕して年貢を払い、陣夫として働くはずの百姓が、田畠を捨てて逃げて商人・奉公人になる」という状況が当時存在し、そうした百姓をなんとか村に戻すために作った規程と見るべきだろう。戦争には兵だけがいればいいわけではなく、軍費・兵糧を提供し、輜重隊を担う百姓の存在が必要不可欠なのである。当時の大名が直面するこうした悩みが直接反映された法として、慶長二年二月に増田《ました》長盛《ながもり》が家臣について定めた法度の一部を見ておこう（『談山神社文書』、三三三五号）。

（原文）

一、夫役仕百姓、一人も奉公人に仕ましく候、但子なと大せいもち候百姓ハ、一人も給人へ可出事、

（読み下し）

一、夫役仕る百姓、一人も奉公人に仕るまじく候、ただし子など大ぜいもち候百姓は、一人も給人へ出すべき事、

（現代語訳）
一、夫役を勤める百姓は、一人も奉公人にしてはいけない。ただし子どもを大勢持つ百姓は、一人くらいは家臣に出すこと。

増田長盛は、百姓が奉公人になることによって夫役負担者が減っていることを危惧し、奉公人にしてはいけないと定めている。ところが彼は、子どもがたくさんいるのであれば、奉公人として出すべきだとも述べている。つまり長盛の本音は、夫役を負担する百姓も欲しいし、奉公人も欲しい、というものだったのである。「身分法令」もまた同様の事情を想定すべきであろう。

そもそも、奉公人と町人・百姓の間の身分の移動が禁止されてしまったならば、武家奉公人の調達がまったく成り立たなくなってしまう。以前説明した、江戸時代の身分移動も説明できなくなる。秀吉は奉公人調達の事情を百も承知の上で、今いる奉公人と百姓をなんとか維持することで侵略戦争の遂行体制を作ろうとして、全国にこの命令を出したのであろう。

なお、百姓を村に戻して耕作させようという趣旨の命令も、「身分法令」以前からある。一例として、天正一八年(一五九〇)に東日本を支配下に入れた秀吉が出した朱印状の一部を掲げよう(『青森県史』資料編近世1、五三号)。

(原文)

一、在々百姓他郷へ相越儀有之者、其領主へ相届可召返、若不罷帰付而ハ、相拘候もの共ニ可為曲事、

(読み下し)

一、在々百姓他郷へ相越す儀これあらば、その領主へ相届け召し返すべし、もし罷り帰らざるについては、相拘え候ものともに曲事たるべし、

(現代語訳)

一、村々の百姓が他の村に引っ越すことがあれば、その(村の)領主に断って(元の村に)召し返すように。もし帰らないのであれば、(本人はもちろん、)かくまっている者も同様に処罰する。

「身分法令」②とは違って、身分移動に焦点があるような書き方にはなっていないものの、新しく豊臣政権の傘下に入った地域の住民が他所へ逃げていくことへの対策であり、狙いとしてはさほど変わらない。ただ、「身分法令」②は、よその村で農民となる場合について触れていないから、一年の間に条件が緩和されたとみる余地もある。さらに余談だが、百姓を元の村に戻そうとする還住《げんじゆう》の命令は、室町時代から戦国時代にかけて各権力が出している。したがって、「身分法令」②は、文言こそ身分移動を禁止する新しい法のように見えるが、実際には中世権力にとって共通の狙いのある命令であった。

以上、いわゆる「身分法令」についていろいろと記してきたが、一言でまとめると、政権が全国に命じた「身分法令」は、身分を恒久的に統制しようとして制定された基本法ではない、ということになる。この点、高木説以前に、峯岸賢太郎氏が下した評価を掲げておきたい［峯岸一九八〇］。

この「定」（引用者注：「身分法令」のこと）のねらいは朝鮮出兵にそなえて、軍団構成員を確保し、それを主従制の中に緊縛すること（一条・三条）、および兵糧米を確保するために百姓を農業生産に緊縛することにあるのであって、兵農の身分分離を法的に確定することを目的として出されたものではない。（中略）兵と農の身分は、検地、刀狩、郷村緊縛そしてこの「定」等を通じて確定され、固定されるのであって、身分そのものを定める法というようなものは一般的に存在しないし、また、身分はそのような法によって創定されるものではない。

検地などの評価については、筆者の見解と異なるところもあるが、引用部分の特に前半については、この命令の性格を的確に評価していると思われる。なお、峯岸氏は「侍」の解釈に触れていないため、その点で高木氏は峯岸説を「通説の批判は不徹底」と評価している。高木氏の指摘はもっともであるが、この命令を過大評価しない視点を提示したという意味で、やはり峯岸説は重要であると言える。

最後に、この命令の呼び方について一言記しておきたい。「身分法令」という言葉を用い続ける限り、身分に関する基礎を定めた法令であるという、かつての見解に基づく誤解が再生産され続ける可能性がある。また、こうした特別な名称がついていると、他の法令とはまったく異なる特別な法令であるような印象を受けてしまうだろう。この秀吉の朱印状は、「身分法令」「身分統制令」ではなく、シンプルに「天正一九年八月令」とでも呼ぶのが妥当であろうと思われる。この表記については、藤木久志氏も用いている［藤木二〇〇五B、二

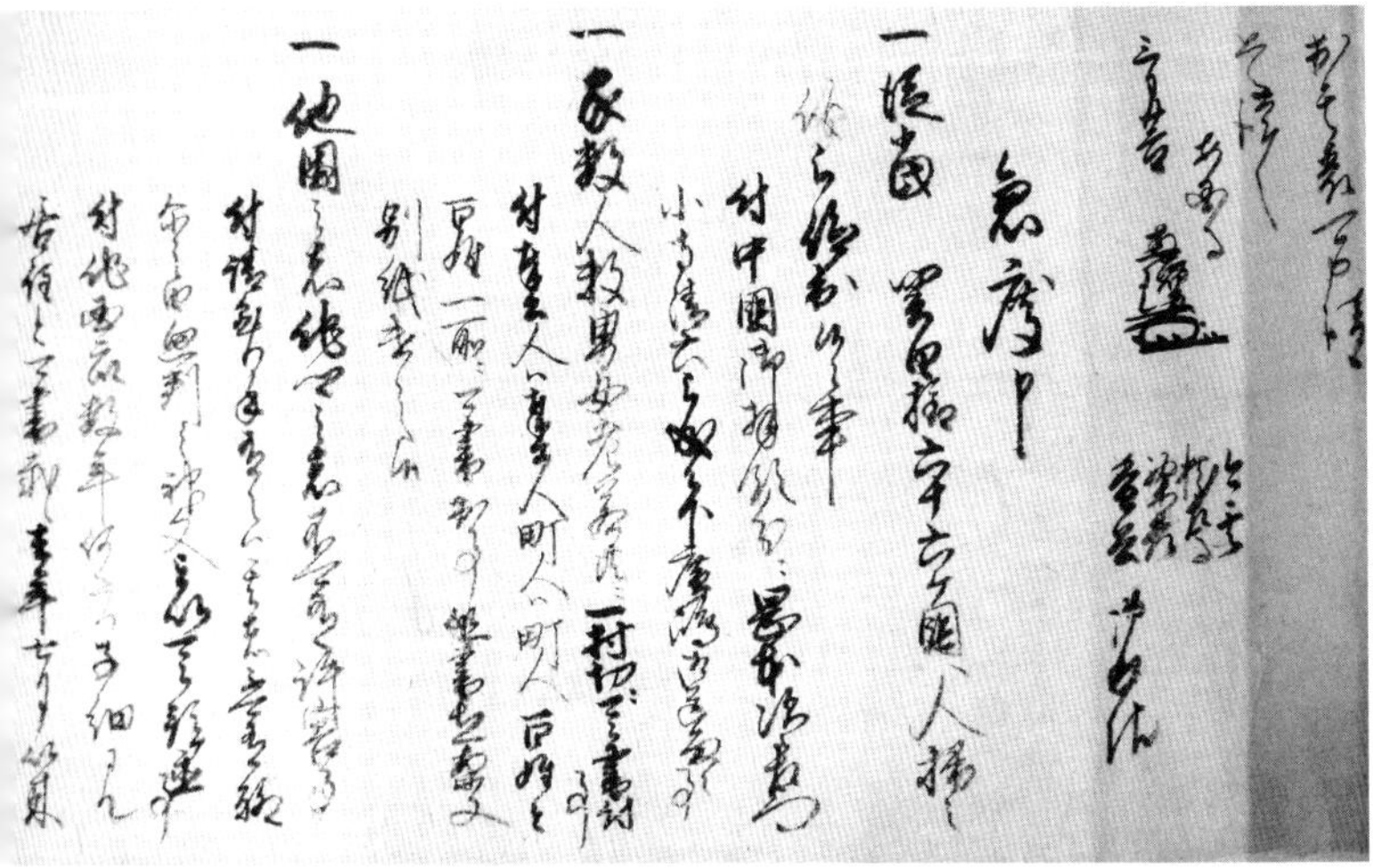

（人掃令伝達状　吉川史料館〔岩国市〕）

一三頁〕。無味乾燥で耳慣れない言葉だとは思うが、筆者の見解が直接反映された用語でもあるため、本書の残りの部分ではこの呼び方を用いていきたい。

人掃令の年代

天正一九年八月令について、近年の評価を紹介したが、これと密接な関係にあるとされる命令として、「人掃令」が知られている。人掃令についてはさまざまな意見が出ており、議論が複雑化しているため、しっかり説明しようとするとかなり長くなってしまう。だが、この人掃令の研究によって、天正一九年八月令はやはり「身分法令」であったと再評価する見解も生まれて

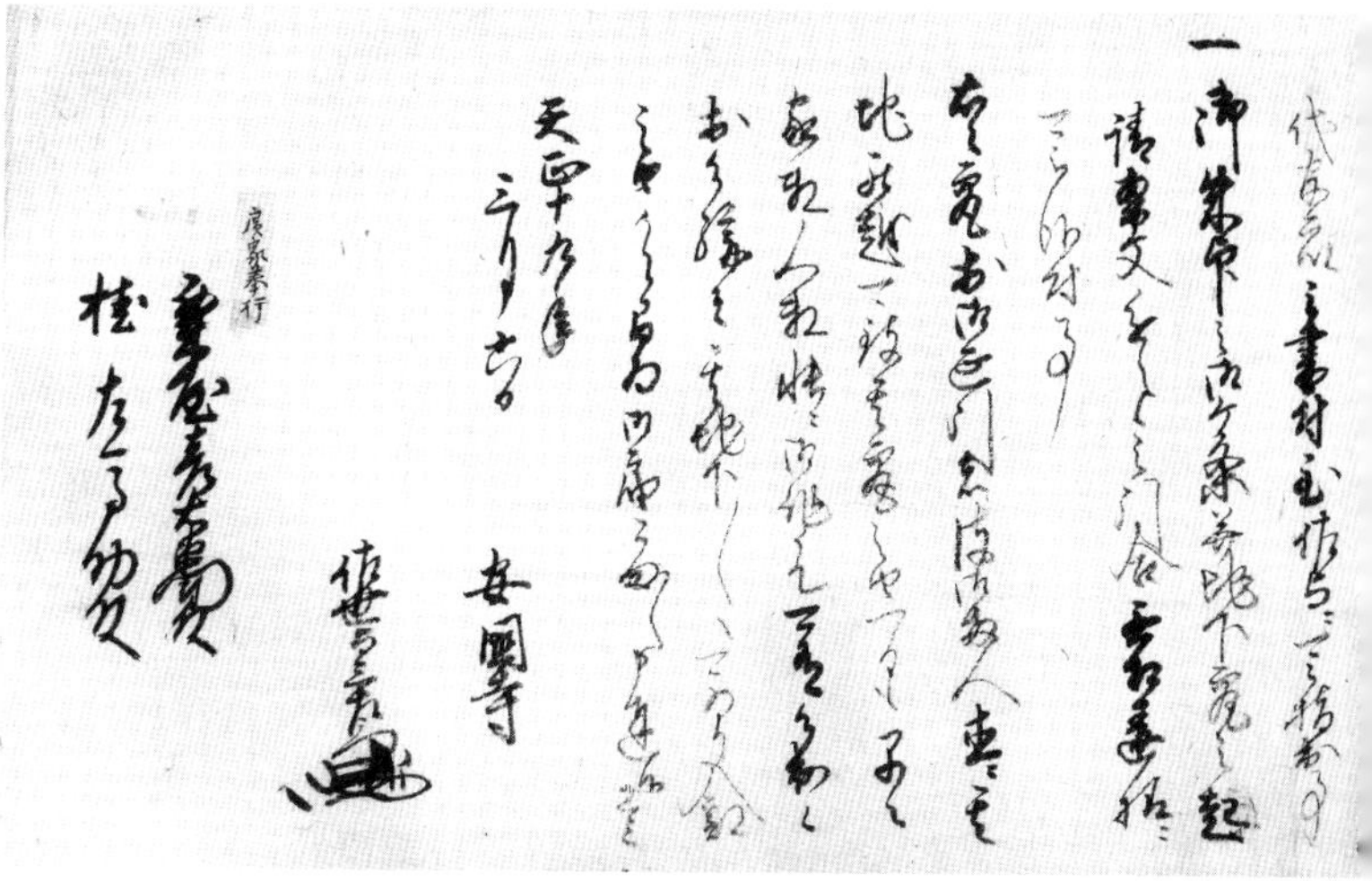

天正19年（1591）3月6日付粟屋就光・桂春房宛安国寺恵瓊・佐世元嘉条書

いるため、触れないわけにはいかない。できるだけ簡潔になるよう心がけながら、以下に説明していく。

まずは人掃令の年代からである。とりあえず、根本となる史料を提示しておこう。天正一九年三月六日という日付で、豊臣期に毛利家で活躍していた安国寺《あんこくじ》恵瓊《えけい》と佐世《させ》元嘉《もとよし》が、粟屋《あわや》就光《なりみつ》・桂春房（毛利一族吉川広家の家臣）に宛てて出した条書である（「吉川家文書」、九七五号）。

（現代語訳）

①一、当関白様（＝今の関白様）から六六ヶ国（＝日本全国）へ人掃のことが命じられました。

付則：中国の御拝領分（＝毛利家

がもらった領地）に岡本次郎左衛門尉と小寺清六をお下しになり、広島に御逗留になる。

②一、（毛利領内の）家の数と人の数を、男女老若ともに、一村ごとに書付けなさるように。
付則：奉公人は奉公人、町人は町人、百姓は百姓（に分けて）、一ヶ所に書き出すように。目録の草稿を別紙として送ります。

③一、他国の者や他郷の者は受け入れないように。
付則：保証人がいるならば、その者（＝他国の者）にいい加減なことはしないことを血判の起請文で誓わせ、預けおきなさるように。
付則：他国衆は、何年にどんな理由で居住したかを書いてください。去年七月以後に上方の衆が人を頼ってきたと言ってきても受け入れないこと。

④一、（家臣の）広島の私宅の留守代や、村々に置いている代官衆のリストを、佐世元嘉に差し出しなさるように。

⑤一、（豊臣政権の）御朱印がある御ヵ条と、百姓に書かせる起請文のサンプルを送ります。間違いのないようにご命令なさるように。

⑥右の調査が遅れたならば、かの御両人（岡本と小寺）が直接中国地方に行って、調査をするとのこと。一日も早く、家数人数帳を作って提出してください。（調査のため）

村々にお入りになるので、ご連絡のためこまごまと申します。

天正十九年

三月六日

安国寺

佐世与三左衛門（花押）

「広家奉行」（押紙）

粟屋彦右衛門尉殿

桂　左馬助殿

やや長いため、現代語訳のみ掲載した。内容を簡単にまとめると、（1）豊臣政権の「当関白様」によって日本全国に人掃令が命じられた、そこで（2）毛利領の家数と人数を身分ごとに調査した帳簿を作る、となる。この毛利家の条書が重要な理由は、豊臣政権が「人掃」という言葉を使って命じた文書が存在しないため、この条書が人掃令を直接物語る唯一の史料となるからである。したがって、この条書をどう見るかによって、人掃令の解釈も変わってくる。以下、本書ではこの条書を、便宜的に「人掃令伝達状」と呼んでおきたい。

この人掃令伝達状には大きな疑問があり、議論が続けられてきた。その疑問とは、伝達状に記された、天正一九年（一五九一）という発給年を信じていいのか、ということである。

やや込みいった話になるが、人掃令の性格を見るためには避けて通れない話題であるため、以下に説明しよう。

この疑問点は、三鬼清一郎氏によって指摘された［三鬼一九七五］。三鬼氏は、たとえば①の「当関白様」という言葉について、天正一九年三月であれば秀吉のことを指すが、当時の史料で秀吉をそのように呼ぶ事例はなく、甥の秀次が関白を継いだ同年一二月以後になると、秀次のことを「当関白」と呼ぶ事例が出てくることを指摘した。したがって、「当関白」という書き方をするこの人掃令伝達状が、天正一九年であることは不自然である。

また、毛利輝元が検地の結果として中国地方の領地の宛行状《あてがい》をもらったのは天正一九年の三月一三日である。ところが、三月六日付である人掃令伝達状の①の付則には「中国の御拝領分」とあり、すでに中国の領地宛行状をもらったことになっており、矛盾が生じる。

そして何よりも、毛利家でこの命令を受けて実施したと思われる人数調査が、天正二〇年（一五九二）の三月下旬に行われている。⑥では調査をかなり急がせているのに、まるまる一年後にやっと調査が始まったというのは不自然さを感じる。人掃令伝達状が天正二〇年だったとすれば、三月六日に命じて三月下旬の調査だからちょうどいい。

この他にもさまざまな理由を挙げ、毛利家の条書（人掃令伝達状）の「天正十九年」という年代は誤記であり、実際は天正二〇年に発給されていたと三鬼氏は結論した。

この三鬼説に対して、金子拓氏が、文書に書かれた通りの天正一九年と見るべきという指摘をしている［金子二〇一二］。いくつかの点で指摘をしているが、明確な批判としては、③の二つ目の付則の「去年七月以後」（原文だと「去年七月以来」）という言葉が、天正一九年八月令の「去る七月に奥州に御出陣以後」（原文だと「去七月奥州へ御出勢より以後」）という言葉と対応することである。そして金子氏は、これらがさらに文禄五年（一五九六）に石田三成が出した掟の次の条文と関係があると見た（『新修彦根市史』史料編古代・中世、石田三成関係史料、四一号）。

（原文）

一、当村の百姓之内、さんぬる小田原御陣の後ほうこう人・町人・しよく人に成よそへまいり候ハヽ、返し候へと御はつとに候間、

（読み下し）

一、当村の百姓の内、さんぬる小田原御陣の後ほうこう人・町人・しょく人に成りよそへまいり候わば、返し候えと御はっとに候間、

（現代語訳）

一、この村の百姓の中で、小田原攻め以後に奉公人・町人・職人になった者は召し返すようにとのご命令ですので、

小田原攻めは天正一八年（一五九〇）で、秀吉は小田原城を降伏させた後に七月から宇都宮そして奥州へ出発した。とすると、③の二つ目の付則の「去年七月」と、天正一九年八月令の「去る七月に奥州に御出陣以後」は、天正一八年七月を指すと見ることができ、その翌年である毛利家の条書はやはり天正一九年でいい、というのが金子説である。

実は筆者も、金子氏が述べたように、石田三成の掟との関連から、史料に書かれている通り、天正一九年のままでいいのではないかと考えていた。ところが近年、谷徹也氏が新たな見解を発表した［谷二〇一五］。谷氏は、石田三成の掟の内容が「百姓が奉公人などになることを禁じる」であり、天正一九年八月令①や人掃令伝達状③が主眼とする「奉公人が百姓・町人などになることを禁じる」とは内容が異なっていることを指摘している。これによって、金子説（筆者の考えも）の根拠は揺らぐことになる。

さらに谷氏は、人掃令伝達状①に出てくる政権側の使者岡本次郎左衛門尉が、豊臣秀次の家臣であることを指摘したのである。使者が秀次の家臣である以上、その家臣を派遣した①

の「当関白様」はやはり秀次と見るべきであり、天正一九年三月という日付は矛盾となる。以上から、人掃令伝達状は本当は天正二〇年に出されたものである、という三鬼説・谷説のほうにやはり説得力があると、筆者の考えを改めておきたい。

人掃令の位置づけ

さて、年代比定の話が長くなったが、問題は、この人掃令伝達状に記された内容をどう考えるかである。あらためて紹介していこう。

豊臣政権が「人掃」という言葉を使っていないことはすでに説明したが、天正二〇年、豊臣秀次が命じたという重大な手がかりが三鬼説によって得られた。では、人掃令は現存するのだろうか。この点について、三鬼氏は秀次による人掃令の朱印状は現存していないとしており、この命令は秀吉・秀次の朱印状という形で出たのではなく、奉行人が直接大名に指示したのではないかと推測した。

ところがその後、勝俣鎮夫氏が、次に掲げる天正二〇年正月付の秀次の朱印状こそが人掃令であると論じたのである［勝俣一九九〇］（『青森県史』資料編近世1、一一二二号）。

（原文）

一、唐入に付而御在陣中、侍・中間・小者・あらし子・人夫已下に至る迄かけおち仕輩於有之者、その身の事者不及申、一類幷相かゝへをく在所可被加御成敗、但雖為類身つけしらするにをひては、其もの一人可被成御赦免、縦使として罷帰候とも、其主人慥なる墨付於無之者、可為罪科事、

（読み下し）

一、唐入りに付いて御在陣中、侍・中間・小者・あらし子・人夫已下に至るまでかけおち仕る輩これあるにおいては、その身の事は申すに及ばず、一類ならびに相かかえおく在所御成敗を加えらるべし、ただし類身たりといえども、つげしらするにおいては、そのもの一人御赦免をなさるべし、たとい使として罷り帰り候とも、その主人たしかなる墨付これなきにおいては、罪科たるべき事、

（現代語訳）

一、唐入り（＝朝鮮侵略）への出陣中、侍・中間・小者・あらし子・人夫以下に至るまで、欠落した者がいれば、その者自身は言うに及ばず、親族や庇《かば》った村まで成敗する。

ただし、親族であっても（政権に逃亡者の情報を）知らせた場合は、その者だけ許す。たとえ使者として（日本に）帰ってきたとしても、その主人からたしかな（命令）文書がなければ、罪とする。

一ヵ条目以外は省略したが、この秀次朱印状は五ヵ条の条文がある。勝俣氏は、人掃令伝達状の⑤にある「御朱印がある御ヵ条」と「百姓に書かせる起請文」に注目し、前者が人掃を命じる朱印状であったと考えた。そして、後者を指すと見られる起請文案（「吉川家文書」、七四二号）に「五ケ条之御置目　御朱印」とあることから、人掃令は五ヵ条であったと論じ、右に掲載した五ヵ条の秀次朱印状こそが人掃令であったと主張した。

そしてさらに、この秀次朱印状の内容が、秀吉の天正一九年八月令と類似していることから、秀吉の人掃令を受けて秀次が再度人掃令を出した、との指摘もしている。つまり、人掃令の正体は、秀吉の天正一九年八月令と、秀次の天正二〇年正月令の二つである、というのが勝俣説となる。現在の山川出版社の高校教科書（『詳説日本史B』）が、天正一九年に秀吉が人掃令を出して、翌年に秀次がそれを再令したとし、人掃令のことを身分統制令ともいうと説明しているのは、この勝俣説を根拠としている。

勝俣氏は、右の説を唱えた上で、人掃令の意義について次のように指摘している。天正一九年八月令は、二〇年の秀次朱印状と同じ人掃令であり、それを受けて身分別の人数調査が行われたのだから、やはり「身分法令」である。そして、天正一九年には、天正一九年八月令が発令された他にも、御前帳という、日本全国の検地帳を集大成したものを秀吉が徴収している［秋澤一九七七］。この御前帳は国土の把握を目指したものであり、一方の人掃令は人数・家数調査をするものであるから、国民の把握を目指すものである、という。

つまり、勝俣説は天正一九年八月令を人掃令とし、その性格を「身分法令」であったと再評価（＝峯岸・高木説の否定）した上で、秀吉が日本統一を契機として国土・国民を把握する大規模調査を行った、と見たのであった。

しかし、天正一九年八月令について筆者は、勝俣説とは異なり、やはり峯岸・高木両氏と同様に見るのが正しいと考えている。そこで久留島典子氏の研究を紹介しておきたい［久留島一九九三］。

勝俣氏が天正一九年八月令＝人掃令＝「身分法令」だと再評価するポイントは、この法令がもとで人数調査が行われたと見たことにある。これについて、久留島氏は、天正二〇年の秀次朱印状は人掃令と見られるが、天正一九年八月令をも人掃令とする根拠は薄い、と指摘した。さらに、両法令の中では家数・人数調査が命じられていないことから、人掃令と家数・人数調査は別の命令であり、後者の調査は朱印状ではなく、口頭で命じられていた可能性を指摘したのである。

久留島氏は、これらの法令や調査の目的は、朝鮮侵略に向けた陣夫確保のための欠落禁止にあったと限定して捉えている。そして、豊臣政権は、家や人を、村や町などの共同体を通じて間接的に掌握していたのであり、共同体内部に分け入って強権的に把握する志向はなかったのではないかと指摘した。

したがって、身分別に人数を調査するという命令は、奉公人は軍役、百姓は陣夫役という身分別の役負担を前提に、逃亡した奉公人・陣夫が村に入り込んでいないか調べるためのものであった、ということになろう。この点は、人掃令伝達状の③の部分が目的を直接述べていたことになる。大規模戦争を契機として、調達可能人数を調べるとともに、逃げ出した人物を奉公人・陣夫として取り戻すという役割も持った政策であったと言える。

説明が複雑になったため、人掃令が現存するか否かについて、主立った研究の考えを簡単にまとめよう。

三鬼説：現存しない（奉行人が指示した可能性あり）
勝俣説：秀吉の天正一九年八月令と、秀次の天正二〇年正月令
久留島説：秀次の天正二〇年正月令が人掃令だが、家数・人数調査は口頭で伝達

長々と述べてきたが、結論としては、家数・人数調査もまた朝鮮侵略に向けたものであり、天正一九年八月令と同様に働き手（奉公人・陣夫）の逃亡に対処するという現実的課題に即した政策であった、ということになる。

身分制と法

ここまで、身分制とかかわるとされてきた法を紹介してきた。以下に本章の内容をまとめよう。

「身分法令」「身分統制令」などと呼ばれてきた天正一九年八月令は、身分移動を禁じる法令とされ、兵農分離政策を説明する際によく挙げられてきた。だが、高木昭作氏は、この法を朝鮮侵略のための奉公人確保を主眼としていたと読み替えた。その後、人掃令を検討した勝俣鎮夫氏は、これを「身分法令」として再評価し、国民の把握を狙ったものだと積極的に位置づけた。さらには久留島典子氏が、勝俣説の問題点を指摘し、家数・人数調査とあわせてやはり限定的に評価すべきとした。

このように、天正一九年八月令の評価は二転三転したが、やはり本書では高木説（および峯岸説）と同様の視角に立ちたい（時限立法説は採らない）。すでに述べたように、この命令のあとに到来した江戸時代では、奉公人と百姓の身分移動が恒常的に起こっていたからである。豊臣政権の時期も、年季奉公人こそあまり見られないものの、奉公人の他身分からの雇用は同様だったと思われる。奉公人の再生産が、武士・奉公人集団の内部だけでは追いつかない以上、奉公人供給の基本パターンである身分移動を根本から断つのは、自殺行為である。この命令は、奉公人を町人・百姓層から調達することを理解しながらも、現在雇っている奉公人を逃さず、かつ百姓の陣夫役も確保したいという苦悩の中で出されたと評価できる。

人掃令に基づく家数・人数調査については、勝俣氏による国民把握政策という評価が出ているが、天正一九年八月令と同様に、戦争のための調達可能人数の調査（および逃亡人の調査）と見るのが妥当であろう。ただし、結果として、奉公人や町人・百姓といった身分ごとに一時的に人々が分類されたことは事実であり、その後の役負担などを通して、身分の分離の明確化に影響を与えた可能性はある。

本書の課題である兵農分離との関係からまとめると、天正一九年八月令と人掃令（に基づく家数・人数調査）は、身分別役負担という戦国時代以来の原則を踏まえた上で、それぞれの身分の人員を確保するという意味では、兵農分離の特徴㋐・㋔と関連しているが、身分移動を禁じて固定化する政策ではなかった、ということになる。

第四章　身分の分離と検地・刀狩りの関係

検地帳への登録と身分

前章では、天正一九年八月令および人掃令の評価を相対化する現在の研究状況を説明した。そこでは、両方の政策が身分制の基礎を定めるようなものではなかったと述べたが、他にも身分にかかわるとされる豊臣政権の政策は存在する。たとえば、天正一九年八月令についての解説の最後の部分で紹介した峯岸賢太郎氏の見解では、兵農の身分を確定・固定する要素として、検地と刀狩りが挙げられていた。ともに著名な政策であるが、それが身分を分けることになるとはどのようなことだろうか。本章では、前半では検地、後半では刀狩りについて、説明（検地については疑問の提示も）しておきたい。

検地政策は、豊臣秀吉が実施したいわゆる太閤検地が有名であるが、戦国大名も検地を行っていたことは、軍役衆の部分で説明した通りである。そこでは、戦国大名武田氏が、検地による踏み出し分の免除を基準として、村の住人を軍役衆と百姓に分けて把握していた。そうした検討は、検地帳に彼らが別々に登録（掲載した用例では萩原弥左衛門尉と網野新九郎）されていたことによって可能になっている。それぞれの田畠の所有者・年貢納入者などとして記されている人物のことを「名請人《なうけにん》」と呼ぶ。つまり、武田氏の検地帳には、名請人として武士と百姓の両方が掲載されていたと言える。
一方、豊臣政権は、検地帳には百姓だけを名請人にする、あるいは、検地帳に名請けした人物を百姓と見なしていたと考えられている。そう見られてきた理由は、先の武田氏の検地帳に見られたような苗字を持つ人物が豊臣政権期の検地帳にはあまり名請けしていないという実感が研究者にあることに加え、次のような史料があることが大きい。慶長三年（一五九八）正月、晩年の秀吉が、越後から会津に転封《てんぽう》（知行替《ちぎょうがえ》・国替《くにがえ》）になった上杉景勝《うえすぎかげかつ》に対して発給した朱印状であり、本書では仮に「慶長三年国替令」と呼んでおきたい（「上杉家文書」、八六三号）。

（原文）
今度会津江国替ニ付而、其方家中、侍之事者不及申、中間・小者ニ至る迄、奉公人たるもの、一人も不残可召連候、自然、不罷越族於在之者、速可被加成敗候、但当時田畠を相拘、年貢令沙汰、検地帳面之百姓ニ相究ものハ、一切召連間敷候也、

（読み下し）
今度会津へ国替について、その方家中、侍の事は申すに及ばず、中間・小者に至るまで、

奉公人たるもの、一人も残らず召し連れるべく候、自然、罷り越さざる族これあるにおいては、速やかに成敗を加えらるべく候、ただし当時田畠を相拘え、年貢沙汰せしめ、検地帳面の百姓に相究むものは、一切召し連れ間敷候也、

（現代語訳）
今度の会津への国替について、その方（＝上杉家）の家中（＝家臣団）は、侍のことは言うに及ばず、中間・小者に至るまで、奉公人は一人も残さず連れて行くべきです。万が一、移動しない者がいたならば、すみやかに成敗すべきです。ただし、現在田畠を抱えて、年貢を支払っていて、検地帳面の百姓と決まっている者は、いっさい連れて行ってはいけません。

注目されてきたのは傍線部である。これを「検地帳に名請人として登録されているのは百姓身分だから、連れて行ってはいけない」という内容だと解釈し、豊臣政権は検地帳に百姓しか登録させなかった、あるいは名請人を百姓身分と認定していた、という見方がなされてきたのであった。そして、武士を村から引き剝がしたり、土豪を百姓として位置づけたりするための政策として、検地が捉えられてきたのである。慶長四年（一五九九）六月、駿河国

の大名中村一氏《なかむらかずうじ》の家臣横田村詮《よこたむらあき》が、領内の村に対して出した法度も、慶長三年国替令と同様の見られ方をしているため、こちらも一部を掲げておこう（『静岡県史』資料編9近世1、二七号）。

（原文）

一、御給人衆、小者之可仕役儀ニ百性ヲ遣候ハんと被申候共、一切同心申間敷候、勿論所之地頭と申候共、御帳面ニ付候百性等奉公人ニ出候事、其村肝煎儀ハ不及申、隣家之者迄可有御成敗候、

（読み下し）

一、御給人衆、小者の仕るべき役儀に百性を遣い候わんと申され候えども、一切同心申す間敷候、勿論所の地頭と申し候とも、御帳面に付け候百性等奉公人に出候事、その村肝煎儀は申すに及ばず、隣家の者まで御成敗あるべく候、

（現代語訳）

一、御給人衆が、小者がするべき役儀に百姓を遣わそうと申されても、いっさい同意し

てはいけません。もちろん、所の地頭（＝その村の領主）であっても、御帳面（＝検地帳か）に登録された百姓などを奉公人として出すことは、その村の肝煎（＝村役人）のことは言うに及ばず、隣の家の者まで成敗すべきです。

こちらの横田村詮法度も、傍線部が慶長三年国替令と同様の解釈をされてきた。秀吉自身の朱印状と、秀吉に長く仕えた豊臣大名の家の法度で似たような言葉が見られることから、右の解釈が豊臣政権の特徴として強調されてきたのである。

こうした解釈に従えば、豊臣政権の時代の検地帳の名請人はすべて百姓身分であったことになる。では、実際の検地帳ではどうなっているだろうか。豊臣期に土佐国の大名長宗我部元親・盛親が行った検地は、土佐一国分ほぼすべての検地帳が現存していることが特徴であり、それを見ると、長宗我部氏の家臣が大量に名請けしている。百姓しか登録しない、あるいは登録した人物を百姓にするのであれば、長宗我部氏の検地帳のようなものは作られるはずがない。この点で、通説には疑問が残る。

ただし、長宗我部氏の検地は、豊臣政権のやり方とはやや異なる部分もあり、特に検地帳の名請け部分は独自性が強い。だから、長宗我部氏だけ特別に家臣を名請けさせる方式を採用していた、あるいは、長宗我部氏が豊臣政権流の検地帳を作ることができなかった、といった見方もできなくはない。そこで、次の検地帳の事例を見てみよう（『今堀日吉神社文書集成』、八六六号）。

二畝廿分　ノ畠《かけ屋敷》　三斗七合　　加藤源三方

これは、近江国の今堀村の検地帳断簡の一部である。秀吉の命令によって、天正一二年（一五八四）に政権の奉行が実施した検地の結果、おそらく天正一三年に作られたものであり、天正一三年二月四日付の検地算用状でも、この土地は「加藤源三殿」の名請けとして登録されている（『今堀日吉神社文書集成』、四七二号）。この検地算用状で、加藤源三と同じように「殿」をつけて呼ばれている人物として平井金十郎がいるが、彼は秀吉に御小姓衆として仕える武士であり、今堀村の半分を領する領主であった。したがって、加藤源三も秀吉の家臣であり、残り半分の領主であったと見られている〔朝尾一九八五〕。ちなみに、平井金十郎のほうは、検地算用状ではいったん登録された上で名前が消され、断簡だと彼の名請地が「五郎三方」の名請けに変わっている。この五郎三は金十郎の家臣や一族である可能性が高いと思われるが、詳細は不明である。

右の例では、秀吉が直轄して作成させた検地帳に、秀吉に仕える家臣、つまり武士が名請人となっていたことになる。とすれば、やはり検地帳には、百姓以外の身分も登録されていたと見るのが適切である。この点については、池上裕子氏が、

検地帳に登録されるのは太閤検地の場合でも年貢納入責任者であり、その者が武士であるか地侍であるかは関係なかった。だから、登録によって百姓となった者が武士や地侍の身分を剝奪されるということもありえない。年貢を納入する者としての百姓には、百姓でありながら被官（兵）、商人、職人など他の身分にも属する者がいたのである。

とすでに指摘している［池上二〇〇六］。検地が身分を確定したという見解は見直されつつあるのである。

百姓召し連れ規定の意義

検地帳には百姓以外も名請けしていた。とすると、先ほど紹介した、慶長三年国替令などの位置づけはどうなるのか、という疑問が出てくる。そこで、これらの法令の再検討をしておきたい［平井二〇一二］。

国替令は、前半は奉公人を新領地に連れて行くことを、後半は百姓を連れて行ってはいけないことを命じたものである。とすると、百姓を連れて行ってはいけないとわざわざ命じた理由は、百姓が武家奉公人として召し使われている状況が想定できるだろう。その事情を窺わせるものとして、この国替の際、石田三成と直江兼続が連署して発した書状がある（『会津若松史』八、三七〇頁）。

（原文）

一、今迄藤三郎殿カカエノ領分、サイ〳〵田地田畠少モツクリ申候モノ、センホウ衆メシツレ罷上トモカラ、カタクチヤウシノアイタ、自然メシツレラレ候トテ、参候モノアラハ、ソノ身ノ事ハ不及申、フルイクセ事タルヘシ、又サイセンノミシンカタトコフシ、又ハヲンテンヲンマイトカフシ、百姓メシツレラレ候事、チヤウシ畢、シヨセン前前ヨリノホウコウ人ノ外、相上事、可為曲事者也、

（読み下し）

一、今まで藤三郎（蒲生秀行）殿抱えの領分、在々田地田畠少しも作り申し候者、先方衆召し連れ罷り上る輩、堅く停止の間、自然召し連れられ候とて、参り候者あらば、その身の事は

申すに及ばず、部類曲事たるべし、又最前の未進方と号し、又は隠田隠米と号し、百姓召し連れられ候事、停止し畢、所詮前前よりの奉公人のほか、相上る事、曲事たるべき者也、

（現代語訳）

一、今まで蒲生秀行殿が支配していた領地で、村々で田畠を少しでも作っている者を蒲生氏の家臣が連れて行ってしまうことは堅く禁止しているので、もしついて行こうとする者がいれば、本人のみならずその仲間も処罰する。また、以前の年貢未納のかたと言い、また田や米を隠した（罰だ）と言って、百姓を召し連れていくことは禁止する。つまるところ、以前からの奉公人の他に連れて行くことは罰するべきである。

傍線部によると、年貢を支払っていない百姓や、田や米を隠した百姓を、家臣が連れて行ってしまうことを禁じるという。最後の部分に「以前からの奉公人の他に」とあることから、これらの百姓は奉公人扱いされてしまって連れて行かれたのだろう。つまり、当時の家臣たちは、年貢を払えなかったり収入を隠していたりする百姓を、罰として奉公人として働かせていたのである。ドラマや漫画で、お金を持っていないのに飲食店で食事をした客に、皿洗

いや掃除をさせて弁償させるようなシーンが見られることがあるが、イメージとしてはそれに近い（客と納税者では、立場がまったく違うが）。

家臣が召し使う奉公人がよく逃げていたことは、散々紹介してきた。家臣としては、逃げ出す奉公人の代わりに、年貢未納の百姓を奉公人として働かせて人手を補っていたのである。百姓たちは罰として臨時で働かされているだけだから、完全に奉公人として召し抱えられたわけではなく、仕事が終われば村に残るべき存在であった。それなのに、家臣たちは百姓を奉公人扱いして連れて行こうとしたのであり、豊臣政権はそうした家臣の行為を曲事と断じたのであった。百姓が連れて行かれると、村の中に持ち主のいない田畠が生じてしまい、その村を次に支配する領主が困ってしまうのである。

そう考えると、百姓を連れて行ってはいけないというのも、百姓身分だからというよりは、年貢納入者だからだと推測できる。慶長三年国替令の傍線部は、「検地帳に名請人として登録されている人物は百姓身分だから連れて行ってはいけない」というよりは、素直に「検地帳に名請人として登録されている百姓は（田畠を耕作する年貢納入者なので）、連れて行ってはいけない」と解釈したほうがいいだろう。慶長四年の横田村詮の法度も、「検地帳に登録された百姓は」と解釈すべきであって、「検地帳に登録されているのは、百姓身分だけである」という意味ではないと考えられる。

したがって、豊臣政権の法令上、検地帳には百姓はもちろんのこと、家臣・奉公人など他の身分も登録されていて問題ないのである。検地帳への名請けをもって、百姓身分を確定したと見ることもできない［平井二〇一二］。ただし、政権の意図とは関係なく、武士や百姓が検地帳名請人＝百姓身分という受け取り方をした場合もあっただろうということには、注意しておきたい。

ちなみに、この上杉景勝の会津転封では、結局、上杉家臣団と一緒に出ていってしまう百姓がいたらしく、また新しく越後国に入ってきた堀秀治や溝口秀勝・村上頼勝と一緒に移住してくる百姓もいたらしい［小村一九八三］。秀吉の命令が遵守されなかったとも言えるし、こうなるからこそ、秀吉は国替令にあのような内容を書く必要があったのだとも言える。

さらに余談を記すと、江戸時代初期の元和八年（一六二二）、萩藩毛利氏は、家臣の知行替に際して、①検地帳に登録した百姓は最近召し使っていても残すこと、②検地帳に載っていない百姓を取中間として召し使っている場合、残らず連れて行くこと、③検地帳に載っていなくとも、親の跡を継ぐべき子が他にいなければ残すこと、④検地帳に登録されていても、成敗する代わりに一命を助けて召し使っている場合は、一度死んだような者だから連れて行くこと、⑤年貢の未払いや借金のかたとして召し使っている者は、検地帳に登録されていても連れて行くこと、といった規定を作っている（『山口県史』史料編近世2、六四九―六五〇頁）。

毛利氏が、村の田畠維持（①・③）や奉公人確保（②・④・⑤）といった課題を乗り切るために、検地帳登録・未登録や奉公人化の事情など、パターンごとに対応を決めていたことがわかるだろう。特に⑤の規定は、慶長三年国替令とは正反対の対応であり、こうした問題への姿勢が権力によって異なっていたことが明らかである。毛利氏の場合は、奉公人不足のほうをより大きな課題として捉えていたのではないだろうか（江戸幕府もまた違った対応を示しているが、ここでは省略する）。

刀狩令による武器の没収

第二章で戦国大名による百姓の臨時動員について紹介したが、そこでは、大名側は百姓に自前で武器を持ってくるよう規定していた。これについて、百姓が武器を持ってくることができるのかという疑問を持った読者もいるだろうが、中世後期の村だと、近隣の他村やその他の外敵と戦うために、百姓が武装していることが普通だったのである。

こうした百姓の武装を解除させたとされているのが、豊臣政権の刀狩令である。この政策は、峯岸氏が、身分の確定・固定をもたらす政策として検地と並べて挙げていたように、身分についても重要な政策として知られている。このように、武器没収と身分政策の両側面がある政策であるが、ここではまず武器没収の面について、藤木久志氏の研究に拠りながら、現在の研究段階を紹介しておこう。

刀狩令は、天正一六年（一五八八）七月に秀吉によって発せられた。この天正一六年の刀狩令は、多くの文書が九州の大名（島津・立花・加藤・小早川など）のもとに残っていることや、当時、九州各地で反乱が起こっていたことなどから、この段階では九州などの地域限定で出されたのではないか、あるいは九州の反乱への対応（再発防止策）として出されたのではないか、という意見もある［山本二〇〇九。尾下二〇一二］。これらは、天正一六年刀狩令は全国法令であるという通説に対し、限定的に捉えようという見方となっている。

ただ、奈良興福寺の僧多聞院英俊《たもんいんえいしゅん》が同年七月一七日付の日記で「天下ノ百姓ノ刀ヲ悉取之」（天下の百姓の刀をことごとく取る）と記しており、同じく七月一二日付で奈良の春日大社の祐国《すけくに》が「関白殿分国百性方ノ刀悉以被取也」（関白殿＝豊臣秀吉の分国の百姓の刀をことごとくお取りになる）と記している（『増補続史料大成　多聞院日記』『春日社司祐国記』）。「天下」という言葉は日本全国という意味の他に京都周辺という意味もあり、これだけでは全国法令であるとは言えないが、後者の「関白殿分国」という言葉も加えて考えると、当時の豊臣政権の勢力範囲（関東・東北以外の地域）を対象としたものと推測できる。未支配の地域を含まないため、全国法令と言うと語弊があるかもしれないが、それでもやはり、かなりの範囲に適用される命令だったと考えるべきだと思われる［平井二〇一三A］。

　では、刀狩令の検討に移ろう。ここでは島津氏に伝来したものを掲げる（「島津家文書」、三五三号）。

（原文）

条々

①一、諸国百姓等、刀・わきさし（脇差）・弓・鑓・鉄炮、其外武具のたくひ（類）所持候事、かたく御停止候、其子細ハ、不入たうく（道具）あひたくはへ、年貢所当を難渋せしめ、一揆を企、自然給人に対し非儀之動をなす族、勿論御成敗あるへし、然ハ其所の田畠令不作、知行ついへ（費え）に成候間、其国主・給人・代官等として、右武具悉取あつめ、可致進上事、

②一、右取をかるへき刀・わきさし、ついへにさせらるへき儀にあらす、今度大仏御建立候釘・かすかいに被仰付へし、然ハ今生之儀は不及申、来世迄も百姓相たすかる儀に候事、

③一、百姓ハ農具さへもち、耕作を専に仕候へハ、子々孫々まで長久に候、百姓御あはれミを以て如此被仰出候、誠国土安全、万民快楽の基也、異国にてハ唐尭のそのかミ、天下を令鎮撫、宝剣利刀を農器に用と也、本朝にてハためしあるへからす、此旨を守

り、各其趣を存知、百姓は農桑を精に入へき事、
右道具、急度取集、可致進上、不可由断候也、

（読み下し）
条々

①一、諸国の百姓等、刀・脇差・弓・鑓・鉄砲、その外武具の類所持し候事、堅く御停止候、その子細は、入らざる道具相蓄え、年貢所当を難渋せしめ、一揆を企て、自然給人に対し非儀の動きをなす族、勿論御成敗あるべし、しからばその所の田畠不作せしめ、知行費えに成り候間、その国主・給人・代官等として、右武具ことごとく取りあつめ、進上をいたすべき事、

②一、右取り置かるべき刀・脇差、費えにさせらるべき儀にあらず、今度大仏御建立し候釘・鎹に仰せ付けらるべし、しからば今生の儀は申すに及ばず、来世までも百姓相助かる儀に候事、

③一、百姓は農具さえ持ち、耕作を専らに仕り候えば、子々孫々まで長久に候、百姓御憐みをもってかくのごとく仰せ出だされ候、まことに国土安全、万民快楽の基也、異国にては唐尭のそのかみ、天下を鎮撫せしめ、宝剣利刀を農器に用いると也、本朝にて

は例あるべからず、この旨を守り、各その趣を存知し、百姓は農桑を精に入るべき事、
右の道具、きっと取り集め、進上を致すべし、由断あるべからず候也、

（現代語訳）

条々

①一、諸国の百姓らは、刀・脇差・弓・槍・鉄砲など武具類を持つことを堅く禁じます。その詳細は、不要な武器を持ち、年貢を払わず、一揆を企み、もし領主に対し不法をする者は、もちろん成敗する。そうすると（百姓が処罰されて人手が減るので）その在所の田畠が不作となり、領地が疲弊してしまいますので、国主や領主、代官が右の武具を集めて進上するように。

②一、右の没収した刀・脇差は無駄にするのではなく、今度作る大仏の釘・鎹にお用いになる。そうすれば現世は言うに及ばず、来世までも百姓は助かることになります。

③一、百姓は農具だけ持ち、耕作だけしていれば、子々孫々まで長く続きます。百姓に憐れみを持ってこのようにおっしゃるのです。（この政策は）まことに国土の安全、万民の快楽の基である。他国では中国の尭の頃に、天下の乱を鎮め、宝剣・利刀を農具に用いたという。日本ではまだその例はないだろう。この命令を守り、それぞれ趣旨を

承知し、百姓は農業や養蚕に精を入れること。
右の武器を急ぎ集めて進上するように。油断はなさらないように。

この政策は当時から刀狩りと呼ばれているが、実際の秀吉の命令は、刀・脇差・弓・槍・鉄砲の没収である。ここに挙げられているのは当時の戦闘で用いられた主力武器であることから、百姓を武装解除するのがこの政策の目的だと言われてきたのである。こうした刀狩令に対する評価は、発令された当時からあり、先にも触れた多聞院英俊は、刀狩りについて「内証ハ一揆為停止也ト沙汰在之、種々ノ計略也」（実際は一揆を停止させるために命じられたという。いろいろなはかりごとがあるものだ）と感想を記している。

村の鉄砲

秀吉が武器没収を命じ、さらに実際に没収が行われていることが各種史料に見られる。となると、中世後期に多くの武器を持っていた民衆は、秀吉の時代に丸裸にされて江戸時代へと移行していった、と見たくなる。ところが、塚本学氏の研究によって、江戸時代の村が鉄砲を多数所持していたことが明らかにされている［塚本一九八三］。たとえば、一七世紀末の信濃国松本藩の調査によると、領内の村が所持していた鉄砲は一〇四〇挺、それに対する松本藩の軍役による鉄砲数は二〇〇挺であった。藩や藩士の持つ鉄砲はもう少し多かったかもしれないが、それでも村々に所蔵されていた鉄砲よりも少なかっただろう。同じく信濃国の上田藩でも、村の鉄砲三二七挺に対し、城付鉄砲は一〇〇挺となっていた。

このように、武士が持つ鉄砲よりも、村にある鉄砲のほうが多いというのが、秀吉の刀狩りの約一〇〇年後の状況であった。さらに事例を加えるならば、第二章で紹介した、島原の乱に土佐藩が猟師を連れて行こうとしていたことも、山村に鉄砲が大量にあったことの一例となるであろう。

では、村の鉄砲はどのような使われ方がされていたのだろうか。一つには、猟師が用いる猟師鉄砲であり、これは用途が想像しやすいだろう。もう一つ大きな用途として、「威《おど》し（脅し）鉄砲」がある。これは、農作物を荒らす鹿や猪などを鉄砲で脅して被害を防ぐといったものであり、空砲で用いられることが多かった。さらに、一部では治安維持のための用心鉄砲も認められていたが、前二者に比べると少量であった。これらの中で対人殺傷を目的としたのは自衛のための用心鉄砲だけであり、それが量的にも許可範囲的にも限られていたことを考えると、江戸時代の村の主流は、猟師鉄砲や威し鉄砲のような、生活のための鉄砲であったと言える。こうしたことから、塚本氏は、江戸時代の鉄砲を「鳥獣と戦って農耕をいとなむ上で不可欠の用具」であったと評し、この時代の耕地の拡大に鉄砲の普及が寄与していたと見ている。

さて、鉄砲が江戸時代の村々に残っていたとすると、鉄砲を含む武器類を没収しようとしていたはずの秀吉の刀狩令との関係が気になるところである。この点について、藤木久志氏が詳しく検討しているので紹介しよう［藤木一九八五・二〇〇五A］。

まず、刀狩令の発令から一ヶ月程度で刀狩りを行った溝口秀勝は、没収した武器を京都に送ったところ、奉行の長束正家《なつかまさいえ》から「刀と脇差の数が少ない」と言われていた。秀勝が送った武器は刀一〇七三腰・脇差一五四〇腰・槍一六〇本・笄《こうがい》五〇〇本・小刀七〇〇本である。当時の戦争では、遠距離ならば弓・鉄砲、近づくと槍が主力であり、刀や脇差はかなりの接近戦にならないと用いられないから、主力武器とは言いがたい。したがって、没収するならば槍・弓・鉄砲が重要とするはずである。ところが正家は、秀勝が送らなかった弓・鉄砲ではなく、刀と脇差のほうが不足していると言ってきたのである。

この他の事例を見ても、刀と脇差がやけに注目されており、弓や鉄砲は没収数が少なかったり話題に上っていなかったりといった様子である。したがって、政権は戦国時代の戦争の主力である槍・弓・鉄砲の没収にそれほど熱心ではなかったことになる。刀狩令の条文①の文面とは裏腹に、実際の没収状況は刀・脇差に偏っていたと言えよう。江戸時代の村に鉄砲

『大坂夏の陣図屏風』より「槍で戦う本多忠朝」（右隻・部分　大阪城天守閣蔵）

が残っていたのは、こうした豊臣政権の刀狩りの実施のあり方が大きく影響していたのである（江戸時代に生産された鉄砲もあるから、すべてが戦国時代からの残存というわけではない）。

ちなみに、鉄砲について、秀吉が刀狩令以外ではまったく気を使っていなかったかというとそうでもない。ルイス・フロイスによると、天正一四年（一五八六）に秀吉が、「己が身を流弾から安全に守ろうとして、自分の宮廷に隣接する二、三ヵ国においては、いかなる者も鉄砲を所持することを死罪をもって禁じた」のだという（『フロイス日本史』1、一九八頁）。京都のある山城国とその周辺のいくつかの国では鉄砲所持を禁じたというのであり、範囲を限定した所持制限が敷かれていたようである。藤木氏はさらに、豊臣政権が京都・伏見・大坂で鉄砲を撃つことを禁止するという命令を出していたことを指摘している［藤木二〇〇五A］。こちらは伏見が入っているので、伏見城の築城が始まった文禄元年（一五九二）以後であろう。

ただ、これらは民衆向けなのか武士も含むのかはっきりせず、一時的規制なのか恒久的禁止なのかもわからない。所持の制限から発砲の制限へと変化したというのは違和感があるので、天正一四年は秀吉の九州への出兵、文禄元年以後のものは朝鮮侵略にともなう治安維持のために個別に出されたと見ておきたい。いずれにせよ、京都周辺のみの事例であり、日本全体への規制ではなかった。

刀狩りと身分

刀狩り政策によって民衆が武器を根こそぎ奪われたというのは間違いである、というのが、藤木氏が注目した実態であった。当時から一揆防止策と噂された政策でありながら、飛び道具や槍の没収に熱心でなかったとすると、刀狩令を発した真意はどこにあったと見るべきだろうか。この点、やはり藤木久志氏によって身分政策としての位置づけが主張されているので紹介する。

刀狩りの実施状況について、九州の大名島津義弘が記した書状には次のようにある（『鹿児島県史料　薩藩旧記雑録』後編二、四三八頁）。

（原文）

一、刀借之儀、はや従国々悉皆年内罷上候、然処国もとよりはかり、いまた不罷上候、御由断之体、京儀渕底御存知之前にて、なにとて是ほと迄者御座候らんと、御両所御不審深重候、就中国もとの長刀、京衆各御存知前候間、短き刀はかり罷上候ても不可然候、長短差交、刀数済々と可有御上候、

（読み下し）

一、刀借りの儀、はや国々よりことごとく皆年内罷り上り候、しかる処国許よりばかり、いまだ罷り上らず候、御由断の体、京儀渕底御存知の前にて、なにとてこれほどまでは御座候らんと、御両所御不審深重に候、なかんずく国許の長刀、京衆おのおの御存知の前に候間、短き刀ばかり罷り上り候てもしかるべからず候、長短差し交え、刀数済々と御上りあるべく候、

（現代語訳）

一、刀狩りについて、早くも（他の）国々からみな年内のうちに（武器を）進上しています。ところが国許（＝島津領国）だけは、いまだ（武器を）進上しておりません。この怠慢の様子について、京都のこと（＝秀吉の方針）は深くご存じのはずなのに、なぜこれほどまで（遅く）なっているのかと、両人（＝石田三成と細川藤孝）のご不審が募っております。とりわけ島津の長い刀のことは京都（＝政権）の人々によく知られていますので、短い刀ばかり（京都に）進上してもよくありません。長短両方の刀を混ぜて、たくさんの刀を進上してください。

島津領の刀の没収と京都への送付が進んでいないことを、豊臣政権に疑われていたようで、義弘の焦る心情がよく表われた書状となっている。この件に限らず、島津氏では国許にいる義久（義弘の兄）が政権に非協力的であったため、政権と兄の間に挟まれた義弘がやきもきしている書状がたくさん残っている。ここで注目したいのは傍線部で、義弘は「長い刀」と「短い刀」、つまり刀と脇差の両方を送るよう強く念を押しているのである。先に紹介した溝口秀勝の例と同様に、槍・弓・鉄砲が出てこないことのほか、刀と脇差のセットという点を強調していることが目に付く。

出雲大社（杵築大社）の領内で行われた刀狩りの様子も見てみよう。ここでは、刀と脇差が合わせて一九五腰没収されていたが、これは九九人分であり、刀二腰、脇差一腰が欠けているため一九五腰になったという。つまり、一人あたり刀一腰・脇差一腰を出して一九八腰にするのが本来の目標数値だったことになる。

出雲大社領でも、槍・弓・鉄砲の話が出てこないことが気になるが、没収されるのが大小一腰というのも問題である。当時の人々が予備の刀・脇差を持っていなかったとは思えないから、九九人から大小一腰ずつという没収目標からは、武装解除というよりも形式的な側面が強かったのではないかという推測も生じるのである。

こうした没収状況について、藤木氏は次のような事例に注目した。刀狩りの最中、毛利氏の奉行久芳《くば》元房《もとふさ》が出雲大社の神官である佐草《さ》貴清《ぬきたかきよ》に宛てて出した書状である（『大社町史』史料編古代・中世下、二二四五号）。

（原文）

刀尋御辛労付而相調申候、御方父子社官之儀、於上様茂御存知也と申、当所御裁判人之事候条、刀・脇指免申候、不断可有御指候、武具等之事茂可有御指せ候、

（読み下し）

刀尋ねの御辛労について相調え申し候、御方父子社官の儀、上様においても御存知也と申し、当所御裁判人の事に候条、刀・脇指免じ申し候、不断御指しあるべく候、武具等の事も御指せあるべく候、

（現代語訳）

刀狩りのご苦労について（この書状を？）調えます。あなた様父子は（出雲大社の）社官であることは上様（＝秀吉）もご存じのことです。（佐草氏は）この地域を管轄している人なので、刀と脇差を免許します。普段から（刀・脇差を）差して（＝帯刀して）ください。武具などのことも差してください。

佐草氏は神官であるから、刀と脇差を普段から帯刀してもいいという、帯刀権が与えられていたというのである。この他、この地域では「諸浦船道幷役人催」（海岸部の船主や村役人）も帯刀を免許されている（『大社町史』史料編古代・中世下、二二四六号）。

これらの事例で注目すべき点の一つは、刀・脇差の没収を免除された人物は、帯刀が許可

されるという形になっていることである。これを裏返すと、大小一腰ずつを没収された一般の百姓たちには、刀・脇差を普段から差す権限が与えられなかった（奪われた）ことになる。もう一つは、帯刀を許可されたのが神官や船道、村役人といった、百姓以外の身分、あるいは支配の一端を担う存在であったことである。その人の身分や役割によって、帯刀の権利が奪われたり与えられたりしているのである。

このように、武器の没収が、身分別の帯刀権の設定と密接な関係にあったことは、この政策の目的の一端を明らかにしてくれるものとなる。実は、秀吉による刀狩り命令は、この天正一六年が最初ではなく、三年前に紀伊国を制圧した際にも発せられていた。これは「原刀狩令」などと呼ばれており、こちらは大仏の話などはなく、秀吉の軍勢に抵抗した者に対する懲罰《ちょうばつ》という意図が記されている。ただ、そこには、

（原文）

一、在々百姓等、自今以後、弓箭・鑓・鉄炮・腰刀等令停止訖、然上者、鋤・鍬等農具を嗜、可専耕作者也、

（読み下し）

一、在々百姓等、自今以後、弓箭・鑓・鉄炮・腰刀等停止せしめおわんぬ、しかる上は、鋤・鍬等農具を嗜み、耕作をもっぱらにすべき者也、

（現代語訳）

一、村々の百姓には、今後弓・槍・鉄砲・刀を禁止する。こうしたからには、鋤や鍬などの農具を使い、耕作に専念すべきである。

とあり、百姓は戦闘ではなく、耕作すべきという秀吉の身分観が明瞭に示されていることが注目される（『和歌山市史』四、一二〇七頁）。同時期に高野山に対して出した条書でも、

（原文）

一、寺僧・行人・其外僧徒、学文嗜無之、不謂武具・鉄砲以下被拵置段、悪逆無道歟事、

（読み下し）

一、寺僧・行人・そのほか僧徒、学文の嗜みこれなく、謂われざる武具・鉄砲以下拵え置かる段、悪逆無道歟の事、

（現代語訳）

一、寺僧や行人やそのほかの僧が、学問をせずに武器を持っていることは悪逆無道の事である。

と、僧侶は学問をすべきだから、それを怠って武器を持つのはよくないことだ、という秀吉の考えが示されている（『大日本史料』一一―一四、四〇九―四一〇頁）。つまり秀吉は、武士は戦闘すべき、百姓は耕作すべき、僧侶は学問すべきといった、身分ごとのあり方を思い描いており、武器は戦闘の道具だから、武士以外の身分にはふさわしくないと考えていたのであった。

秀吉の身分観と武器観が、当時の一般的感覚とは異なっていたことは、次に掲げるルイス・フロイスの記録から明らかである（『フロイス日本史』12、一八二頁）。

（現代語訳）

暴君関白（＝秀吉）はかねてよりこうした恐れを抱いていたので、彼は長崎の住民からだけでなく、下《シモ》（＝九州）の全地方の兵士以外の全員から武器を接収するように命じた。

そのためにおびただしい数の役人を投入してその実行に当らせ、皆の者が一つも隠すことなくあるだけの武器を差し出すように、またそれを拒む者は磔にし処刑する旨、大々的に触れ歩かせた。この命令は非常な厳しさをもって遂行され、当時（人々を）襲った最大の不安の一つ（と見なされる）ほどであった。こうして無数の武器が徴集された。

日本では今日までの習慣として、農民を初めとしてすべての者が、ある年齢に達すると大刀《アダガ》と小刀《エスパーダ》を帯びることになっており、彼らはこれを刀《カタナ》と脇差《ワキザシ》と呼んでいる。彼らは不断の果てしない戦争と叛乱の中に生きる者のように種々の武器を所有することをすこぶる重んじている。（それゆえ）関白のこれらの役人が徴集した刀、脇差、槍、鉄砲、弓、矢は、長崎の村で発見されただけでも、刀剣が四千振り、槍が五百本、弓が五百張以上、矢、無数、鉄砲三百挺、および鎧百領以上（に達し）、有馬領からは一万六千以上の刀剣と、その他無数の武器が（徴集された）。こうして下地方《シモ》のキリシタンたちは、彼らがもっとも重んじていたもの、すなわち武器を失うことになった。彼らはこのことを無上に悲しんだが結局どうにもならなかった。

文禄二年（一五九三）頃、九州のキリシタンの反乱を恐れた秀吉が武器を没収したという記事だが、注目すべきは傍線部である。日本では、どの身分でも、成人の証として刀・脇差を身につけていたが、秀吉に没収されたことで、それができなくなり、悲しんだというのである。刀・脇差には武器という以外にも、一人前の人間であることを見た目で証明する機能があったが、秀吉は帯刀者＝戦闘者＝武士・奉公人身分という考え方に基づき、それを否定したと言える。刀狩令の②の部分に、大仏のために刀を没収するという言葉があったが、それは刀を重視する百姓たちを説得するために記されたのであった。

以上のように、刀狩りは、反乱防止を謳い実際の没収行動を伴う政策だが、すべての武器を根こそぎ奪うものではなく、戦闘できる身分としての武士・奉公人とそれ以外を区別する、帯刀権の設定をもたらす身分政策であった。本書冒頭で掲げた兵農分離の特徴で言えば、かつては武装解除政策として㋓の側面が強調されていたが、藤木氏の研究によって、身分政策としての㋔の側面のほうが重要であったと見られるようになったのである。

なお、百姓たちは、帯刀は禁止されたとしても、武器を持ち続けていたことは記した通りである。だが、江戸時代には、一揆を起こす際にそうした武器を使用することを控えるようになっていった。これは、人命を損なうような武器は使用しないようにするという百姓側の自律的抑制によるものであり、藤木氏は民衆自ら武器を封印したとして、この現象を高く評価している。

身分コードの形成

秀吉のもとでは、帯刀が身分を表わす標識として確立した。身分標識としての帯刀について、少し見てみよう。江戸時代には、以前からの由緒や、藩への貢献（献金など）により、特別な許可を得て帯刀する百姓もおり、「帯刀人」や「地侍」などと呼ばれていた。江戸時代中期・後期になると、その人数が増えていったという。その中には、自分の家は苗字帯刀を許されているのだから他の百姓とは違うのだと、村の中で他者への差別意識を持つ者もいた［山本一九九〇］。彼らは、藩に仕える武士や奉公人ではなく、特別扱いを受けている百姓というのが実態であったが、帯刀（と苗字）を許されたという特権意識が、彼らに百姓より上の身分であるという自己認識を芽生えさせたのである。こうした意識のあり方は、帯刀できるか否かが身分を分ける大きなポイントとして定着していたことを物語っている。

ところで、右に見たように、江戸時代には、帯刀以外に、苗字の公称もまた特権として許可されるものとなっていた。江戸時代の百姓（下級奉公人も）は苗字を持っていたにもかかわらず、公的に名乗ることができたのは、許可された者だけだったのである［豊田一九七一］。この点は、第一章で見た、武家奉公人の中でも侍・若党は苗字を名乗れたという事例や、第三章の冒頭で紹介した藤田幽谷の「勧農或問」の、百姓は苗字を名乗れず裃《かみしも》も着ることができないが町人は献金することで許されるといった事例でも確認できる。さらに言えば、幽谷の記す裃の着用、あるいは袴の着用もまた、身分特権となっている。

こうした身分ごとの差別・区別を、深谷克己氏は「身分コード」と呼んでいる［深谷二〇一一］。この場合のコードとは、アルファベットで表わすとCode、和訳すると「（道徳・社会生活上の）決まり、おきて、規準、慣例、礼儀作法」といったものと見られる（『ランダムハウス英和大辞典』第二版）。私たちが日常的に使う言葉の中の用例では、「ドレスコード」という使い方がなじみ深い。

身分コードの中には、法令として決められたものもあるが、それ以外にも慣行として守れていった場合も多い。制度や慣行などさまざまな要素から、武士はこうあるべき、百姓はこうあるべきといった規範が定着し、身分の違いが可視的に表わされることで、人々は身分意識に縛られていたのである。慣行として身分コードが定着したのち、幕府や藩がそれを守るために法を出すパターンもあった。

なお、苗字や袴については、武士と百姓という区分から見れば、確かに大きな断絶があると言える。だが、苗字については、実は鎌倉・室町時代の百姓や商人が、すでに公称を自粛していたとされており、中世段階から身分意識と結びついていた［奥富一九九九］。江戸時代には、村の中で上層に位置する一部の百姓が、他の百姓に苗字を名乗ることを規制しようとする現象も生まれている。これは、公的な場において名乗ることではなく、村の人間が私的な場で名乗ることを対象とする、村内部の秩序における規制であったとされている［豊田一九七二］。苗字は、武士と百姓の公的関係のみならず、百姓身分内での私的関係でも特権として機能していたのである。また、服装については、日本では、古代から身分コードとして機能していた。

こういった点からすると、苗字や袴については、中世から近世への移行期に表われた新しい考え方・政策として捉えることは適切ではない。兵と農の区分を原則として設けられた身分特権としては、やはり秀吉による帯刀権の設定が重要であろう。兵農分離の特徴の㋔、身分政策として、刀狩りの果たした役割は大きかったのである。

江戸時代の帯刀

秀吉が帯刀権を設定したのち、江戸時代に入るとこの身分コードはどのような展開を示したであろうか。実は、刀狩り政策による帯刀権の設定が、全国に浸透してそのまま続いていたわけではないことを、藤木氏や尾脇秀和氏らが指摘しているので、以下に解説する［藤木一九八五・二〇〇五A。尾脇二〇一五]。

慶長五年（一六〇〇）の関ヶ原の戦いによって全国政権となった徳川氏（いわゆる江戸幕府）であるが、初期の法令を見ると、秀吉の刀狩令を継承した形跡がない。一方、個々の大名（藩）では、個別に刀狩りを実施したり、帯刀の禁止や許可を行っていた。江戸時代前期の大きな民衆運動として知られている、寛永一五年（一六三八）の島原の乱では、鎮圧後、百姓の武器を没収していたが、新たにこの付近の領主となった山崎家治は、それらの武器を百姓に返してしまったという。このように、秀吉の帯刀規制は江戸時代になってから骨抜きとなり、一七世紀前半では、町人・百姓が刀と脇差を日常的に帯びるようになっていた。

徳川家康像（名古屋市博物館蔵）

その後、寛文《かんぶん》八年（一六六八）になって、江戸の町人が刀を帯びて歩くことを禁じる幕府法が出てくる。天和《てんな》三年（一六八三）には、江戸の町人のほか、幕府への御用を勤める舞々・猿楽といった芸能者でも刀を帯びてはいけないという法令が出た。ちなみに、この場合の刀とは長いほうの刀のことであって、脇差は禁止の対象外であり、江戸の町人は帯刀を禁止された後も、脇差を身につけて出歩いていたという。こうした幕府の方針を受けて、諸国の大名（藩）の側でも自領の町人・百姓の帯刀を禁止することを志向していく。貞享《じょうきょう》四年（一六八七）、福井藩は、村同士の喧嘩で刀・脇差・弓・槍を使用することは百姓には不似合なので禁じる、という法令を出している。そこでは、百姓はこうした武器を使うべきではない、という身分コードとしての武器使用が意識されていた。

帯刀を武士の身分コードにしようという秀吉の目論見は、一七世紀後半になって達成されようとしていた。ところが、一般的には帯刀規制は機能し続けるが、それを逸脱する行為もかなり多かった。荻生徂徠《おぎゅうそらい》が享保一〇年（一七二五）頃に記した「政談」には、次のような記載がある（「政談」、二六—二七頁）。

（原文）

①陰陽師・事触・宮雀ノ類ハ、小サキ刀一本ナルベシ、山伏ハ無刀ナルベシ、何レモ大小ヲ差武家ニ混ズルコト謂レ無、（中略）

②山伏モ其時ノ風俗ノ残タル也、山入ノ時柴打利剣ヲ指ト云コト古法也ト云、弥然ラバ

山入ノ時計古法ニ従フベシ、平生御城下又ハ田舎ヲ歩行ニハ勧進ノ為也、勧進ト云ハ出家ノ法ニテ乞食ナリ、是忍辱ノ行ナルニ、大小ヲ指コト有マジキコト也、田舎ナド歩行テ女子計居タル所ニテハ、刀ヲ抜ナドシテ怖シテ無礼ニ勧化ナドスル類多シ、又夜討強盗ヲスルコトモマ、アリ（中略）

③寺ノ召仕ニモ刀指ヲ召置コト、僧ノ供ニ刀指ヲ召連ルコト御門跡ノ外ハ院家タリトモ禁制アルベキコト也、（中略）是等ハ只武家ノ真似ヲスルト云者ニテ、全ク仏法ノ衰廃也、

（現代語訳）

①陰陽師や事触（＝鹿島神宮の下級の神官）、宮雀（＝神社の下級の神職）などは、小刀（＝脇差）一本を持つべきである。山伏は刀を持つべきではない。どちらも、大刀・小刀を差して武士の中に混じることはよくない。（中略）

②山伏も昔の風俗を残していて、山入りの時に柴打利剣（＝儀式のための短剣）を差すことは古法（＝昔からの慣習）だという。ならば山入りの時だけは古法に従うべきである。普段城下町や村々を歩くのは勧進のためである。勧進というのは僧侶の世界では乞食のような行為である。是は恥辱に耐える修行であるのに、大刀・小刀を差すこ

とはあるまじき行為である。村々を歩いていて、女性や子どもばかりがいる所では、刀を抜いて脅したりして無理やり勧進（＝寄付）させる者が多い。また、夜盗・強盗をする者もままいる。（中略）

③寺の召し使いとして刀を差した者を置くことについては、僧侶がお供の者に刀を差した者を連れ歩いていいのは門跡寺院だけであり、それ以外は院家（＝門跡に次ぐ地位の子院）であっても禁止している。（中略）これらはただ武士のまねごとをするというものであって、仏法の衰退である。

ここでは、宗教者である山伏や、僧侶の召し使いの帯刀が問題とされている。本来脇差すら差さないはずで、山入りの時だけ特別に許可されている山伏が、町や村を帯刀して歩いているという。しかも、その刀を見せて無理やり寄付させたり、強盗したりといった犯罪に手を染める者までいる（②）。僧侶の場合、皇族・貴族の子女が入る門跡寺院のみ召し使いを帯刀させられるのに、それ以外の僧が帯刀した召し使いを連れ歩いている（③）。これらは武士のまねをするものであるからよくないことである（①③）、と徂徠は怒っている。

武士と宗教者の間で帯刀権に違いがあること、それが崩れる事例が一八世紀前半に問題となっていることが明らかであろう。宗教者の帯刀は、恐喝や強盗といった点も問題だが、やはり徂徠が記しているように、武士の特権であるはずの帯刀が崩れることが危惧されたと見られる。そして、こうした宗教者以外にも、医師や町人・村人など、多くの階層で帯刀する者が出てくる。一八世紀以後の幕府や藩は、そうした帯刀の広がりを規制する法・政策を実施せざるをえなくなっていった。

一七世紀後半に規制したはずの帯刀が、各階層に拡大していったのはなぜだろうか。理由の一つは、山伏がそうであったように、場所・時期を限って帯刀を許可することがあったためである。限定されていたはずの帯刀権を、彼らはその範囲外でも行使したのだった。そして、それを正当化するために、彼らは帯刀についての由緒が以前からあるから正当なのだ、という理論武装をしていった。

二つ目の理由として、先にも紹介した帯刀人のような、特別に帯刀を許可される町人・村人がいたことがある（帯刀免許には臨時・恒常の違いがある）。権力に許可された本人のみが帯刀して歩けるはずだが、それに便乗して、家族や家来に帯刀させる者も現われたのである。それを羨《うらや》み、許可もされていないのに、まねをして帯刀する者もいたであろう。

三つ目として、年季奉公人などが、奉公を終えてからも帯刀し続ける場合があった。年季奉公人とは、以前にも説明したように、期間を限って武家奉公人として働く者たちである。武家奉公人は帯刀できる身分であるが、年季を終えたのち、奉公人として再就職しなかった場合、町人・百姓に戻ったために帯刀権を失うはずである。それをなし崩しにして、百姓に戻ってからも帯刀して歩く者が現われて問題となっていたのである。これらはいずれも、公的な許可が抜け道となっていったと言えるだろう。

このように、身分コードとして確立した帯刀権は、それゆえに武士以外の者から羨望の対象となり、破る者が現われてきた。服装なども同様の命運を辿っており、幕府や藩はその統制に苦慮し続けたのである。

身分制と政策

本章では、身分制にかかわって豊臣政権が出した政策とされている、検地と刀狩りについて紹介してきた。あらためて簡単にまとめよう。

豊臣政権の検地について、かつての研究では、検地帳に名請人として登録された者は、百姓身分として位置づけられたと見られてきた。言い換えれば、検地は、名請人登録によって兵農分離の特徴㋔（身分の分離）をもたらす政策とされてきたのである。だが、そうした見解の根拠とされてきた法令の目的は別の点にあるから、名請人＝百姓身分という制度ではなかったと思われる。検地帳には武士や奉公人も名請けしていたが、彼らの身分は百姓に変更されたわけではなかったのである。江戸時代に検地帳への名請けと身分の関係を示唆する言説が見られるとしても、政策そのものの目的とは別であった。

ただ、検地帳への名請けとは別の側面で、豊臣政権の検地が兵農分離に影響を与えた面もある。豊臣政権が検地を行う時、家臣たちに領地の石高を申告させ、検地後に同じ石高で別の土地を与える方針が採られていた。これは、検地によって新たに把握した土地を政権や大名の蔵入地（直轄地）とするための施策であったが、結果として、家臣たちは転封《てんぽう》と同じような経験をすることになる。転封は、第五・六章で説明するように、兵農分離の特徴㋑・㋒・㋔に影響を与えることになるから、検地もまた、似たような作用を及ぼしたと言ってい い。ただ、これも兵農分離を目指したのではなく、副産物として捉えておくのが正しいだろう。

刀狩りに関しては、特徴㋓（百姓の武器所持否定）を目指して百姓を武装解除する政策であると秀吉は謳《うた》っているが、実際の没収状況は、その完遂を目指してはいなかった。実際の刀狩りは、百姓から帯刀する権利を奪い、武士・奉公人や一部の許可された者のみ帯刀できる体制を形づくる政策となっていた。これによって、帯刀できるかどうかが、武士・奉公人と百姓を分ける身分コードとなった。

このように、刀狩りは、兵農分離の特徴㋔、身分の分離を目的とした政策として評価されるようになっている。秀吉は、戦闘をすべき武士・奉公人と、耕作すべき百姓といったように、人々に身分ごとの果たすべき役割を帯刀によって可視化したのであった。武士・奉公人と百姓の間の役割分担という考えそのものは、第二章でも説明したように、戦国期からある考え方でもあるが、秀吉の場合はそれを押しつけて帯刀権を奪ったことが特徴であった。

第五章　居住地を分離させる法・政策はあったのか

武士の居住地に対する認識

江戸時代の武士は、大名の居城がある城下町に住むのが基本であり、それは自分の城や村の屋敷に住んでいた戦国時代までの武士とは決定的に異なる点である、という考え方は、通説として広く知られている。こうした見方は、本書の冒頭でも、兵農分離の特徴㋒として紹介した。この㋒の点について、そのまま受け入れていいものか考えてみよう、というのが本章の目的である。

　江戸時代には、大名は妻子を江戸に居住させて自分自身も領地と江戸の両方に住む参勤交代が行われた。その家臣たちは、自分の領地ではなく、大名の居城の城下町の屋敷に妻子とともに住んだとされている。ここで、江戸時代の人々自身が、自分たちの時代の武士の居住地について、どう考えていたかを見てみよう。序章で挙げた大石久敬は、江戸時代には兵農分離が基本であるが、未分離の事例も多いとして、多数の藩の郷士制を挙げていた。また、第一章で見た熊沢蕃山は、武士を農村に住まわせればうまくいく、という独自の理論を掲げていた。この両名に共通しているのは、武士は城下町に住むものだという前提に立っていることである。少し後で挙げるように荻生徂徠の認識も同様であった。近世武士＝城下町居住という考え方は、江戸時代からの通念なのである。

もちろん、明治以後の日本史研究者は、江戸時代からの通説をそのまま受け入れたわけではない。実態の研究もなされており、たとえば、城下町に住む武士たちが、どのような生活を送っていたかなどが明らかにされてきた。そして、城下町への武士の集住という状況が生まれる背景については、やはり織田政権・豊臣政権の政策が大きく評価されたのだった。織田信長や豊臣秀吉は、武士を城下町に集めることで、速度・練度面で軍隊の質を高めるとともに、武士たちを領地から引き剝がして完全に服従させたと見られたのである。その上でさらに、武士に支配されてきた百姓たちの自立を促したとする見解もある。

ここで、荻生徂徠の「政談」から、武士の居住地に関する記述を見てみよう（「政談」、五一頁）。

（原文）

先旅宿ノ所ヲイハヾ、諸大名一年ガワリニ御城下ニ詰居レバ、一年挟ミノ旅宿也、其妻ハ常ニ江戸ナル故、常住ノ旅宿也、御旗本ノ諸士トモ常ニ江戸ニテ、常住ノ旅宿也、諸大名ノ家中モ大形其城下ニ聚居テ、面々ノ知行所ニ居ラザレバ旅宿ナル上ニ、近年ハ江戸勝手ノ家来次第ニ多ク成ル、是等ノ如キ総ジテ武士ト云ル、程ノ者ノ旅宿ナラヌハ一

人モ無、

（現代語訳）

まず旅宿のことについて言うと、大名たちは一年交替で江戸の城下に詰めるので、一年ごとの旅宿生活である。その妻は常に江戸にいるため、常住の旅宿生活である。（幕府の）旗本の諸士は常に江戸にいるから、常住の旅宿生活である。大名たちの家臣たちも大抵はその城下町に集住して、それぞれの知行地（＝領地）に居ないので旅宿生活である上に、近年は江戸で働く家来がだんだん多くなっている。これらのように、総じて武士と呼ばれる者で旅宿暮らしでないものは一人もいない。

徂徠もまた、大名からその家臣まで、武士はみな本拠地ではなく、江戸城下や大名の城下町に住んでいると認識している。そして、その状態を「旅宿」と表現し、問題視しているのである。なぜ問題なのかについては、この後の部分に記されており、それによると、旅宿であることを気にせず物を買うために商人に財産を吸われ、困窮するからだという。参勤交代や城下町への集住を武士の困窮の原因と見なす点では、熊沢蕃山と同様の視点を持っていると言えるだろう。次に紹介する部分もそれにかかわる（「政談」、七〇―七一・九〇―九一頁）。

（原文）

家中ノ武士ヲバ、皆知行所ヲ割呉テ、面々ノ知行所ニ居住シ、城下へ勤番ヲスル様ニシ、サテ参勤ノ節召連ル人数ヲ殊外ニ減少シ、御城下往来ノ供廻モ随分ニ減少シ、奥方ノ作法ヨリ始リ、其身ノ持様ノ衣服飲食器財家居、人ノ使様、音信贈答使者ノ次第、冠婚喪祭ノ礼迄、其官位知行高ニ応ジ、何レモ随分物入少ク、取続キノ成様ニ積リテ、上ヨリ改テ制度ヲ立玉フベキ事也、（中略）武家知行所ニ居住スル時ハ、家居ニハ所ノ木ヲ切ッテ作リ、米ハ年貢米ヲ用ヒ、味噌豆モ処ニ生ズル、衣服ハ織ッテ着ル、衣食住ニ物入ルコト無ク、下々ノ切米モ米ニテ取ラセ、又大小衣服ヲ許ス時ハ、分限成ル百姓ハ皆家来ト成リ、人返シヲスル時ハ、奉公人他へ住ムコト成ラヌ故、皆地頭ノ家来ト成リ譜代ト成ル、

（現代語訳）

家中の武士にみな知行地を与えて、それぞれの知行地に居住させ、城下町には当番で勤務させるようにして、参勤交代の時に連れて行く人数を大幅に減らし、江戸城下を歩く時のお供も大きく減らし、奥方の作法を始め、暮らし方、衣服・飲食・家具・住居・人

の使い方・連絡や贈答・使者・冠婚葬祭の礼まで、それぞれの官位や知行高に応じて、いずれも出費を抑えて続いていけるように上から制度を作るべきである。（中略）武士が知行地に住んだならば、家は木を切って作り、米は年貢米を食べ、味噌・豆もその土地で生産され、衣服は織って着ると、衣食住に金が必要ではなくなる。下々への切米（＝給与）も米で与える。また帯刀と（武士の）衣服を許したならば、裕福な百姓はみな家来となる。町からの人返しをした際は、奉公人は他に住むことができないから、みな領主の家来となり譜代奉公人となる。

簡単に言えば、武士は自分の領地に住んで仕事の時だけ城下町に来るようにすれば出費が抑えられる、という話であり、これもまた熊沢蕃山とよく似た発想である。ただ、徂徠の場合は参勤交代の維持を目指しており、その点は異なっている。徂徠は当時、将軍徳川吉宗に仕える身であったため、さすがに参勤交代は維持すべきと考えていたのだろう。ただ、それ以外の点、つまり武士を領地に居住させようという点について、岡山藩に仕える蕃山はともかく、江戸幕府に仕える徂徠も考えていたということは、幕府にとって武士の城下町居住は絶対に守らねばならない原則ではなかったことを物語っている。

武士の城下町への集住が幕府の原則ではなかったとすると、なぜそのような状況が生まれたのかが問題となる。この点、現代の日本史の研究では、織田・豊臣政権の政策が重視されてきたことは、すでに述べた通りである。では荻生徂徠はどう考えていたか、ふたたび「政談」を引用しよう（「政談」、四五頁）。

（原文）
元来是モ皆知行所ニ居ケレドモ、太閤秀吉ノ時ヨリ、大名ニ所替ヲサスルト云コト起シ故、左様ノ節不便利也トテ、皆面々ノ城下ニ集メ置テ、今ハ一面ニ風俗トナレリ、

（現代語訳）
本来これ（＝武士）もみな知行地に住んでいたのだが、豊臣秀吉の頃から、大名を所替（＝転封・国替・知行替）させるようになったため、所替の時に不便だからということで、みな城下町に集めておいたところ、今はそれが全体的な風習となった。

所替というのは、転封ともいい、領地をまったく別のところに移すことである。徂徠によると、秀吉の時代に城下町に武士が住んだのは所替の利便性のためであり、それが定着したのだという。ここで注目できる点の一つは、城下集住のきっかけが豊臣期だったと見られて

いることである。その点では現代の研究者とあまり変わりはない。二点目は、武士を村から引き離して城下に移住させるための政策があったのではなく、所替の便宜のために武士を城下町に住ませたとしている点である。「風俗トナレリ」という言い方は、制度として定められたのではなく、自然とでき上がったという口ぶりであり、こちらは研究者とはまったく異なる見方と言えるだろう。

江戸時代の著作が、過去や現状を誤って捉えることはよくあることであるから、徂徠の記した内容が正しいと即断することはできない。ただ、荻生徂徠がそう認識していたという事実自体は尊重しておくべきであろう。織豊政権が城下集住政策を推し進めたという考え方を、もう一度、問い直してみることも必要ではないか。以下、本章では、城下町集住政策の再検討と、武士の居住状況(およびその変化)の再検討をテーマに記していく。

織田家臣は城下に集住していたか

武士が城下町に住む状態、あるいはその状態になっていく過程は、研究者からはしばしば「城下集住」という言葉で表わされている。この状態を中世との違いという点から言うと、武士が村に住まなくなるということである。城下町には武士と町人が住み、村には百姓が住む、という身分別の居住地域分離が、城下集住の基本形と言える。

序章の冒頭で、「織田信長の軍隊は兵農分離していたから強かった」という考えが根強く存在していることを紹介した。たとえば、長篠の戦いで織田軍の鉄砲隊が活躍したと説明する際に、兵農分離をしていたからこそ鉄砲を有効活用できたと言えば、なんとなく納得できる気がするだろう。兵農分離という概念が多様な内容から成立していることは何度も述べた通りだし、そもそも長篠の戦いでの戦い方もかなり再検討が進んでいるため、右の言説にはいろいろと訂正が必要なのだが、この点を語りすぎると本章の課題である城下集住からどんどん外れてしまう。ひとまずここでは、兵農分離概念の構成要素の一つである城下集住について、織田政権の実態を見ていこう。

織田信長像（長興寺蔵）

織田信長の城下集住政策として、大きく注目されてきたのは次の記事である。著者の太田牛一が織田政権に仕え、かなり早い段階から執筆されたことで知られている『信長公記』の一節である（『信長公記』、二四〇頁）。

（現代語訳）

正月二九日、（織田家の）弓衆である福田与一の（安土城下町の）宿が火事となった。「これもひとえに妻子を引っ越させていないから火事になったのだろう」と（信長は）おっしゃり、すぐに菅屋長頼を奉行として、御着到（＝リスト）を作ってお調べになり、弓衆六〇人・馬廻《うままわり》六〇人、あわせて一二〇人の妻子を引っ越させていない者を一度にご折檻なさった。弓衆の中から火事を出したことについて、まずは罰を与えるとのご意見であり、（信長の長男で跡取りの）岐阜中将信忠公にご命令になって、岐阜から奉行をお出しになって、尾張国に妻子を置いている弓衆の自宅をことごとく放火なさり、（自宅の）竹・木まで刈り取らせなさった。これによって、取るものも取りあえず、一二〇人の（弓衆・馬廻の）女房どもは安土城下町へ引っ越した。今度（引っ越しを）怠けた罰として、（弓衆・馬廻に）安土城下の南に新たな道を作らせることで、いずれもお許しになった。

この記事は、天正六年（一五七八）、織田信長が近江国に築いた安土城に移住済みで、本願寺や他大名と争っている頃のものである。補足すると、もともと信長は尾張国出身で、隣

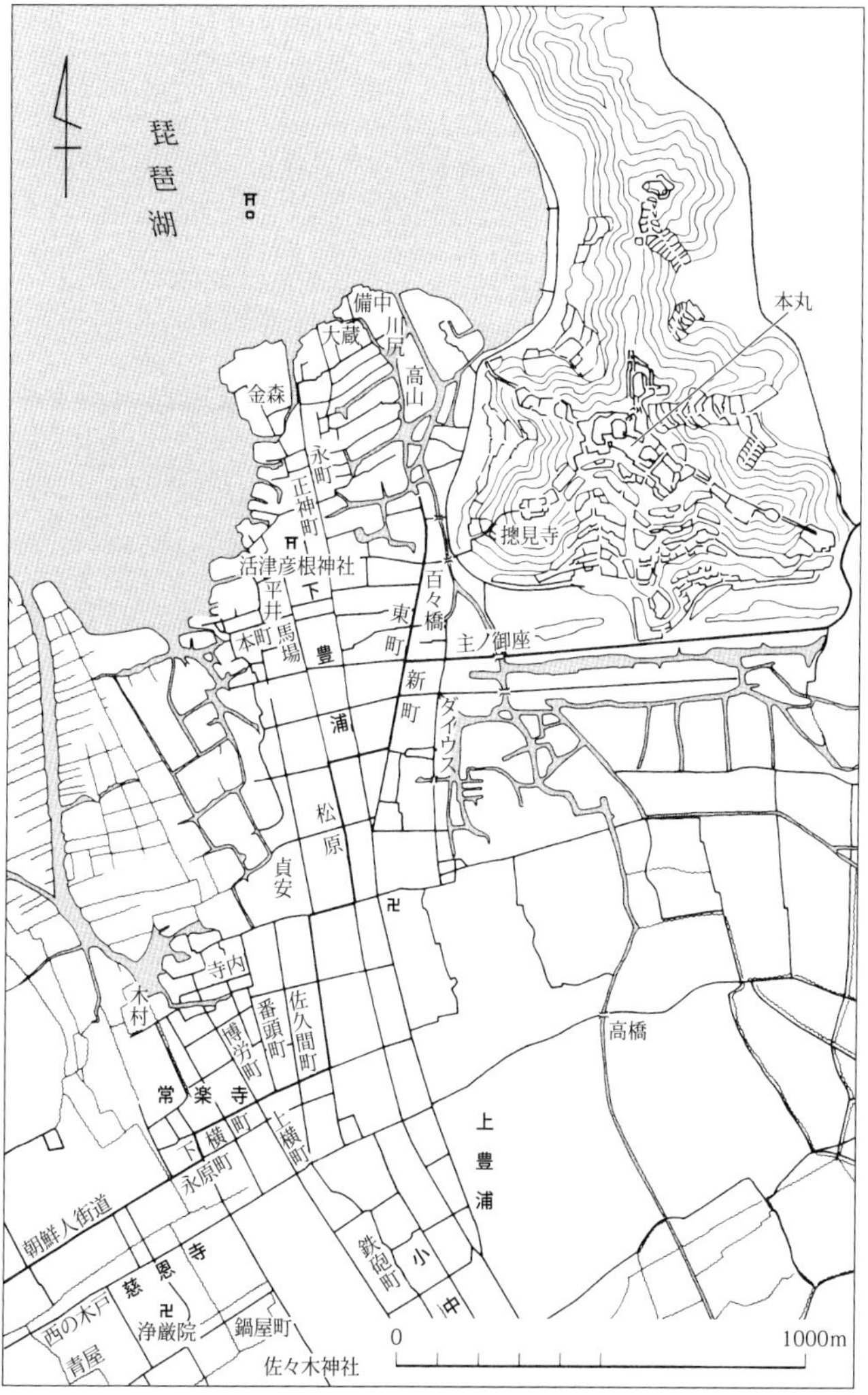

安土城下俯瞰図（千田嘉博『信長の城』所載図を一部修正）

の美濃国を奪うと岐阜城に居城を移していた。その後、信長自身は安土城に移住し、長男信忠に美濃国と岐阜城を与えている。

これによれば、弓衆や馬廻は、安土城下に住んでいたが妻子を連れてきておらず、単身赴任状態であったという。江戸時代の武士は江戸や大名城下に妻子とともに住むのが基本であったから、この段階での弓衆・馬廻の居住形態は中途半端だったことになる。そして信長は、弓衆宅の火事の原因は妻子が住んでいないことにあると考え、岐阜の信忠に命じて弓衆・馬廻一二〇名の者の尾張の自宅を焼き払わせ、無理やり移住を推進させたのだった。強硬手段によって、弓衆・馬廻が妻子とともに安土城下町に住むという状況を作り出したのである。ちなみに翌年七月には、妻子を安土へ引っ越させずにあちこちの家を泊まり歩いていたとして、信長の命令で馬廻衆の井戸将元（才介）が殺されている（『信長公記』、二七八頁）。

このエピソードは、武士を村から引き剝がして城下町に集住させる、兵農分離政策として評価されてきた（ちなみに、この妻子強制移住政策は、長篠の戦いから三年後の出来事である）。たしかに、信長らしい強引なやり方で、彼らの単身赴任をやめさせたことは事実である。だが、これを信長家臣団全体に適用できると見るのは早計であろう。池享氏は、馬廻衆などの直臣《じきしん》が大名城下町に居住するのは戦国大名の元でも見られることであり、武士の在地制を否定し、城下町に集住させる兵農分離とは、別次元の問題であると指摘している［池二〇〇三］。

弓衆や馬廻は、合戦の際に信長の身辺につき従う者たちであり、安土城下町に腰を落ち着けるべき存在だった。よって、この事例だけを挙げて、信長が全家臣を安土城下町に集住させたとは言えない。

そこで考えるべきは、他の織田家臣たちやその妻子がどこに居住していたかである。だが、織田信長は分国法を作っておらず、安土城下に住んでいた人物の日記なども存在していないため、いくつかの史料の記述から推測していくしかない。

全体としては、以下の記述が知られている。ルイス・フロイスの記した「日本史」の天正八年（一五八〇）の記事には、「身分ある武将たちが彼に迎合するために、安土の新しい市《まち》に豪華な邸宅を造りたがっている」「日本中の重立った武将たちが居住しており」とあった（『フロイス日本史』5、一二頁）。信長は安土城下に重臣が屋敷を造ることを好み、重臣たちもその信長の意向を知って屋敷を造っていたのである。『信長公記』によると、同年閏三月に馬廻衆と見られる稲葉刑部少輔《ぎょうぶのしょう》のほか、摂津国高槻城主の高山重友（右近）ら地方の国人領主レベルの家臣あわせて一四名が屋敷を下されている（『信長公記』、三三一頁）。これをフロイスの記事と合わせれば、「重立った武将」の範囲が国人領主レベルまで広がる。ただ、すべての家臣ではなさそうなことや、弓衆たちと違って信長は強制していなかったらしいことが気になる。妻子の居住状況も不明である。

次に個別の人物の事例を見ていきたい。まずは武井夕庵を見ると、彼は信長から安土の山上に屋敷をもらい、そこに居住していたという（『増訂織田信長文書の研究』、一〇七五号参考）。夕庵は信長の右筆であり、近習として活動していた。その職務内容からいって常に信長の近くにいる必要があるから、屋敷を与えられていたのだろう。おそらく、彼の家族も安土の屋敷に住んでいたものと思われる。

次いで、荒木村重の例を見てみよう。彼は摂津国の武士であり、織田政権に服属して同国の支配を任せられる重臣となっていたが、福田与一の事件と同じ天正六年の一〇月に、本願寺側に寝返った。謀叛の噂を聞いた信長は村重を説得しようとして、彼に「御袋様」を安土に人質として出し、その後に出仕するようにと言ったが、結局村重は応じなかった。そこで、信長が村重の籠もる摂津国有岡城を包囲したところ、翌年九月に村重は尼崎城へと脱出した。残された有岡城の留守居たちは、信長に助命と引き替えに村重の説得を申し出たが、失敗したため、信長は一二月に村重の家臣一族数百人を処刑・焼き殺すとともに、村重の妻子や荒木一族を京都で処刑することになる（『信長公記』、二五四―三〇四頁）。

この事例では、まず村重の「御袋様」、つまり母親を人質とするよう説得したことが注目される。少なくとも村重の母親は安土にいなかったことは確実であろう。また、有岡城に村重の妻や子が籠もっていた（そして捕まり処刑された）ことも注目される。もし、村重の妻子が安土にいたのなら、村重の謀叛と同時に安土を抜け出して有岡城へ逃げていったことになる。村重の謀叛の噂を聞いて母親を人質にしようと考えた信長が、自分のすぐ近くにいる村重の妻子を逃すようなことをしたとは思えない。したがって、村重は母親も妻子も、ともに自分の居城である有岡城に居住させていたと見るべきであろう。

村重の母を人質にしようとしたことからわかるように、信長は人質をまったく取らなかったわけではない。『信長公記』には信長が人質を取ったという記事が各所に見られ、松永久秀が謀叛を起こした際には、人質となっていた久秀の息子二名を処刑している（『信長公記』、二二八頁）。ところが、人質を取った記事を見ると、もっぱら敵対勢力が降伏してきたり寝返ってきたりした時や、軍事行動の際の保障のためであって、外交・軍事の一環としてであった。信長には、自分の重臣が裏切らないように妻子を人質として城下に居住させようという発想は見られないのである。結果から見れば、弓衆・馬廻衆の件があった後も村重の家族を安土に移住させていなかったことが、みすみす村重に謀叛を起こされてしまった一因になっていたとすら言えるかもしれない。

荒木村重の謀叛以後の事例はどうだろうか。天正七年（一五七九）正月五日、水軍を率いたことで有名な九鬼嘉隆が、安土で信長に年頭の御礼をしたところ、信長から「暇なうちに自分の領地に戻って妻子に会い、その後に上方に戻ってくるように」と休暇をもらい、伊勢国に下っていったという（『信長公記』、二六五頁）。九鬼嘉隆も、やはり妻子を自分の領地に置いていたことになる。また、天正九年（一五八一）、能登国を与えた前田利家に対して信長は、「妻子も能登国に連れて行くように」と命じている（『増訂織田信長文書の研究』、九五四号）。利家の自領からの移住なのか、安土城下からの移住なのかは読み取れない（村重や嘉隆の例から言えば前者か）。だが、赴任先に妻子を連れて行けということは、安土城下に利家の妻子を置かせるつもりがなかったことは明らかであろう。

九鬼嘉隆の事例を挙げた千田嘉博氏は、弓衆や馬廻衆以外の安土屋敷は、あくまでも安土城に出仕した際に寝泊まりするための施設であり、江戸時代の城下屋敷への過渡的形態であったと述べている［千田二〇一二］。池享氏と同様に、織田政権のもとでの城下町集住という従来の評価を相対化する見解となっている。

これを裏づけるために、さらに『信長公記』の別の部分を見てみよう。同記によると、天正一〇年（一五八二）の正月に安土城で行われた年頭の礼の際に、一番は織田一門、二番は他国衆、三番は在安土衆と順番に出仕したという（『信長公記』、三七三頁）。他国衆と在安土衆が分けられていることを見ると、ここに見られる在安土衆とは、常に安土に居住している家臣たち（近習・弓衆・馬廻衆など）である可能性が高い。とすると、他国衆は安土に住んでいない家臣だったと見るべきだろう。さらにこれを裏づける記事を挙げると、前年の天正九年の正月には、他国衆の出仕を免除し、「安土にこれある御馬廻衆ばかり」を観覧しようとした（雨で中止）とある（『信長公記』、三三七頁）。やはり、安土に居住する家臣は馬廻衆などが中心であったようだ。

このように、安土に屋敷を持っていたとしても、自身も妻子もそこに住まず、あくまでも自分の領地の城がおもな居住地というのが織田政権の大部分の重臣の居住形態だったと思われる。荻生徂徠は江戸時代の武士の屋敷を旅宿になぞらえていたが、織田政権の重臣の安土屋敷は本来の意味で旅宿的役割を果たしていたと言えるかもしれない。

なお、近習・弓衆・馬廻衆、それに重臣を除いた、中・下級家臣はどうだったかと言うと、その階層の家臣の実態は意外と摑みにくい。次の豊臣政権の部分で紹介する毛利広盛は、在地に居住していた可能性はあるが、確実ではない。ただ、ここまでの検討結果を考えると、中・下級家臣が、安土や他の重臣たち（柴田勝家や羽柴秀吉ら）の城下に妻子とともに居住していたとは、とても考えられない。やはり自領居住、あるいは前線の城への居住が基本だったのではないか。

織田家臣の本人ならびに妻子の安土城下町居住について、否定的事例ばかりを挙げてきた。ただ、これは本人や妻子の居住が家臣団全体におよぶものではなかったという点を指摘しただけであり、中には弓衆・馬廻衆のように本人・妻子ともに安土に住む者や、本人は住んでいなくとも、人質として妻子を提出していた者もいたであろう。ただ、一部の家臣のみの居住・人質であれば、織田政権だけの特徴とは言えない。信長と関係する他大名として武田勝頼の例を挙げよう。天正一〇年（一五八二）に武田氏が滅びる際、武田一族で有力国人であった穴山信君《あなやまのぶただ》が、勝頼の拠点甲府《こうふ》に人質として出していた妻子を脱出させて信長側に寝返っている（『信長公記』、三八三頁）。武田氏の元でも、一部の一族・重臣は妻子を人質として大名の城下に居住させていたのであった。

ちなみに、信君が離叛した時の武田氏の本拠地は新府《しんぷ》城であり、彼の妻子がいた甲府は武田氏の元の本拠である。勝頼は天正九年（一五八一）に、かつての拠点である甲府から新たに築城した新府城へと居城を移転したが、この政策は家臣たちの反発を買い、甲府から屋敷を移転しようとしない一族・重臣が多かったという［平山二〇一七］。したがって、居城の移転政策という点では信長のほうが成功したと言える。しかし、家臣および妻子の居住という点では、織田政権は他の戦国大名とあまり変わらなかったというのが実態だろう。

右に見てきたように、織田政権が家臣を安土城下町に集住させたとは言えず、この点では他の戦国大名と織田政権を決定的に異なると言うことは難しい。ただ、妻子の城下居住はともかくとして、家臣本人の自領居住や前線居住という事実をもって、信長や戦国大名の評価を低くするのも、いささか乱暴である。特に、荒木村重のような前線地域の家臣たちは臨戦態勢にあったはずであり、安土に村重をずっと居住させていたら、たちまち他国の侵略に遭ってしまうであろう。結局のところ、妻子とともに大名の城下に住むという江戸時代の武士の生活は、戦争の可能性が大幅に低下したからこそ成立していたと見るべきである。

豊臣政権による妻子の人質化

武士の城下集住という点について、織田政権の画期性が見いだせないとなると、豊臣政権の存在が重要になってくるだろう。実際のところ、大名が江戸城下に妻子を置いて参勤交代し、大名の家臣は大名城下町に妻子とともに居住するという江戸時代の（一般的な）居住形態は、やはり豊臣期に原型ができ上がってくると見て間違いない。この点では、荻生徂徠や現代の研究者と同意見である。ただし、それがいかなる条件によってでき上がってきたかという点では、少し議論が必要である。

まずは、織田政権で取り上げた、妻子の居住について見てみよう。この点では、豊臣政権と織田政権では決定的違いがある。奈良の興福寺の僧侶多聞院英俊が記した「多聞院日記」の天正一七年（一五八九）九月朔日《ついたち》条を掲げておく（『増補続史料大成　多聞院日記』）。

（原文）

諸国大名衆、悉以聚楽へ女中衆令同道、今ヨリ可在京ノ由被仰付トテ、大納言殿女中衆今日上洛、筒井モ同前、世上是故震動勧(衍カ)也、

（読み下し）

諸国大名衆、ことごとくもって聚楽《じゅらく》へ女中衆同道せしめ、今より在京すべきの由仰せ付けらるとて、大納言殿女中衆今日上洛す、筒井も同前、世上これゆえ震動勧(衍カ)也、

（現代語訳）

諸国の大名衆はみな聚楽第に妻たちと一緒に来て、今から京都に住むようにとご命令になったとして、大納言殿（＝豊臣秀長）の妻たちが今日上洛した。筒井（定次）も同様である。世の中はこのために動揺している。

秀吉は、京都に築いた居城である聚楽第の周囲に、諸国の大名を妻子とともに居住させようとしたという。弟の豊臣秀長の妻まで在京させるというのだから、政権に所属する大名すべてを対象としていたと見ていい。翌年に秀吉が小田原の北条氏を攻めるから、そうした緊

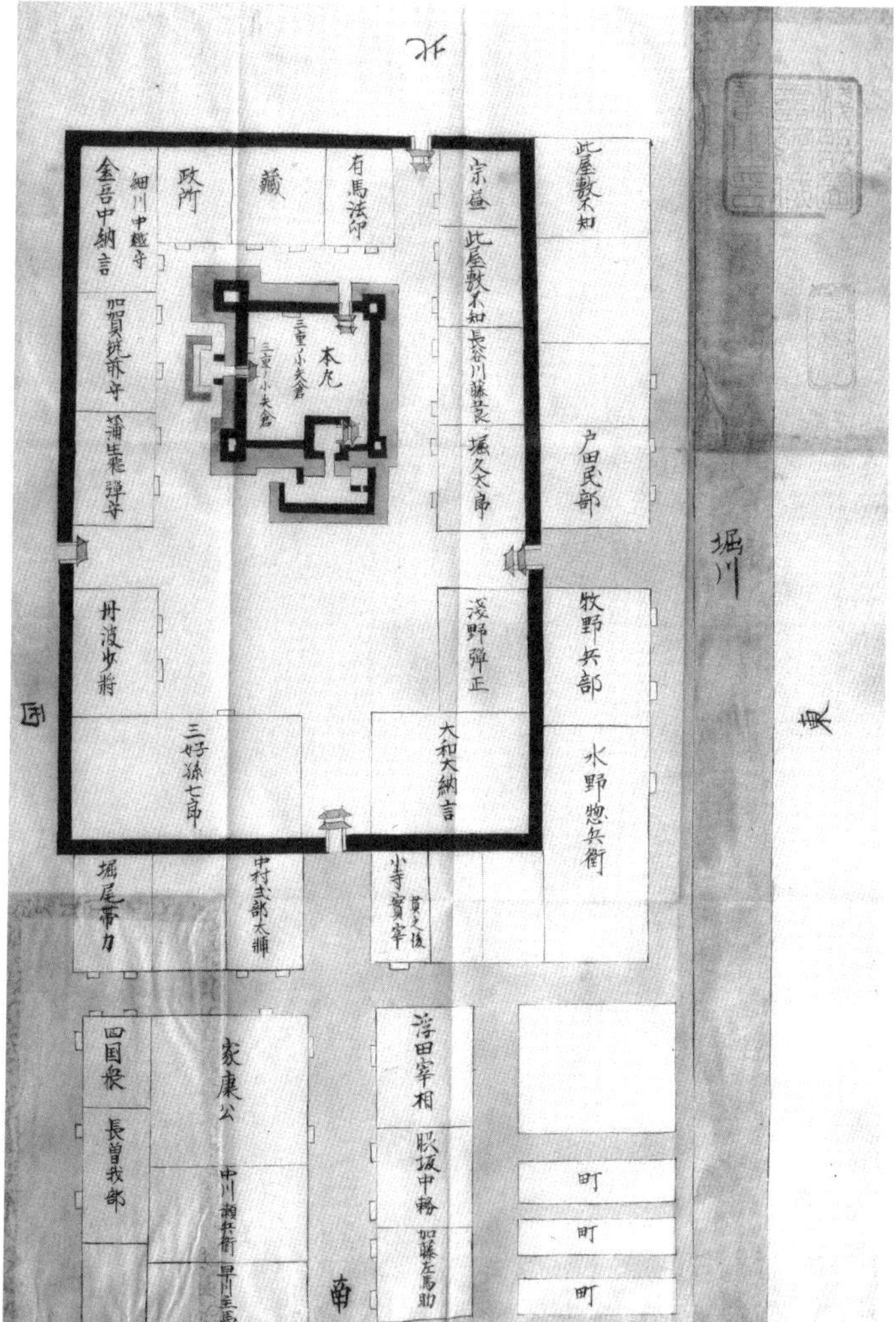

浅野文庫『諸国古城之図』より「聚楽第」（広島市立中央図書館蔵）

迫した情勢下で大名の妻を人質とする必要があったという側面もある。だが、この政策の後、大名たちは聚楽第周辺や秀吉の隠居城の伏見城下に屋敷を持ち妻子を居住させるよう強制されていくことから、この天正一七年の政策がきっかけで、大名妻子の上方居住状況が確立したことは間違いない［横田二〇〇二］。秀吉は、大名の妻子を実質的に人質として自分の手元に置くことで、裏切りにくい状況を作り出したのである。

このように、豊臣政権が日本全体を統合する直前のこの時期、京都にある大名たちの上方屋敷は、一時的に滞在する宿所ではなく、家族の住む拠点として位置づけられるようになった。重臣の妻子を安土城下に移住させていなかった織田政権の時代とは、大きな違いがあると言えるだろう。なお、この年以前は、秀長や筒井定次の事例から見て、織田政権の時期と同様、妻子は大名の居城に住み、大名自身は、京都に単身赴任するか、居城に住んで宿泊所として京都屋敷を持つ場合が多かった（政権がそれを許容していた）ものと見られる。

次いで、この翌年、天正一八年（一五九〇）に秀吉が東北の大名南部《なんぶ》信直《のぶなお》に出した命令から、二条目と四条目を抜粋してみよう（『青森県史』資料編近世1、編年史料四三号）。

（原文）

一、信直（南部）妻子、定在京可仕事、

一、家中之者共相拘諸城悉令破却、則妻子三戸江引寄可召置事、

（読み下し）

一、信直妻子、定めて在京仕るべき事、

一、家中の者ども相拘う諸城ことごとく破却せしめ、すなわち妻子三戸《さんのへ》へ引き寄せ召し置くべき事、

（現代語訳）

一、信直の妻子は京都に居住させること。

一、（南部家の）家臣たちが持つ城をことごとく破壊し、妻子を（信直の居城の）三戸へ居住させること。

新しく服属した南部信直に対して、秀吉が突きつけた要求の一部である。二条目は、信直の妻子の京都居住を求めたもので、前年に諸国の大名に命じた妻子在京が政権の原則として確立していたことが確認できる。四条目は、南部家臣の城を破壊し、妻子を大名城下に移住させるという命令である。大名自身の妻子は京都、大名家臣の妻子は大名城下と、二重の人

質政策がとられているのである。この場合の南部家臣は、城を持っていることから考えると、上・中級家臣だったのだろう。これは、政権が大名の反乱を防ぐ政策であると同時に、大名が家臣たちを統制できるようにする政策でもあった。

妻子を居住させるためには、屋敷が必要である。大名たちが聚楽第や伏見(大坂の場合も)に屋敷を持たされたことは、すでに説明した通りである。現代と同じく、当時も建築に費用がかかっており、大名たちは大きな出費に悩まされながらも、仕方なく上方屋敷を造っていた。これと同様に、南部家臣たちも、三戸城下に屋敷を造った者が多く出てきたであろう(元から持っていた可能性もある)。

ところで、妻子ではなく、大名や家臣たち本人はどこに居住していたのだろうか。まずは大名を見てみよう。すでに述べた天正一七年(一五八九)のように、秀吉が大名に在京を命じた場合、その時期は上方にいる必要があった。また、政権の儀礼などの行事に参加する時も上方にいただろう。大名としては妻子とともに過ごす必要もあったに違いない。さらに、豊臣政権期の特殊な事情として、二度の朝鮮侵略に従軍する大名が多かった。朝鮮に渡海したり、九州の名護屋に在陣したりと、大名によって立場はさまざまだが、その間は上方の屋敷も自分の居城も留守にしていたことは言うまでもない。こうした事情によって、大名が領国の居城に滞在する時間は激減した。伊達政宗《だてまさむね》などは、自分の領地に滞在している時期のほうが珍しい状態になっているのである［藤井二〇一二］。このように、豊臣政権期の大名は、自分の領地に戻ることができないわけではなかったが、結果として、上方の屋敷や戦陣に滞在する期間が圧倒的に長かったものと見られる。

家臣はどうだろうか。城を壊され、城下に屋敷があるとなると、妻子とともにそこに移住するよう秀吉が命じたと考えたくなる。ところが、家臣が村に住み続けた大名がいることは序章で述べた通りだから、秀吉の方針が本当に全武士の城下居住にあったのか、再確認する必要がある。そこで、この天正一七年前後の時期について、いくつかの事例を見てみよう。

（1）天正一六年（一五八八）肥後国の事例（『新熊本市史』史料編三近世1、三二一号）

（原文）

其国領知方、最前国衆ニ可被下とて被残置候内を以、千六百五石、八代之者共ニ被扶助候条、御朱印旨可引渡之、幷三百石臼間右衛門佐、三百石大野左馬助ニ相渡、則在隈本申付、可致同宿候也、

（読み下し）

その国領知方、最前国衆に下さるべきとて残し置かれ候内をもって、千六百五石、八代

の者どもに扶助せられ候条、御朱印の旨これを引き渡し、ならびに三百石臼間右衛門佐、三百石大野左馬助に相渡し、すなわち在隈本申し付け、同宿をいたすべく候也、

（現代語訳）

その国（＝肥後国）の領地について、以前国衆にお下しになるといって残し置きなさった中から、一六〇五石を八代の武士たちにお与えになりますので、（秀吉の）朱印状を引き渡すように。同様に三〇〇石を臼間右衛門佐、三〇〇石を大野左馬助に渡し、隈本（＝熊本）への滞在を命じ、（清正の）与力とするように。

これは、天正一六年（一五八八）九月、肥後国半国《はんこく》の領主となった加藤清正に対して、国衆（国人領主）に領地を与えるよう秀吉が通達したものである。この中で秀吉は、国衆たちを加藤清正の熊本城下に居住させるよう命じている。当時の肥後国は、秀吉が任命した国主佐々成政《さっさなりまさ》に対する反乱をやっと鎮圧したばかりであり、まだ不安が残っていた。国衆を熊本城下に移住させたのは、直接的には彼らの身柄を清正の監視下に置いて反乱を防止するためだっただろうが、その後はおそらく、そのまま恒常的に居住する形になっていったものと思われる。

（2）天正一五年（一五八七）筑前国の事例（『福岡県史』近世史料編柳川藩初期（上）、一六〇号）

（原文）

尚々、御知行弐百町之事も、在所廻にて可有御請取候、其通弥七へ申入候、以上

其方居所之義、三池郡之内江浦か新賀江村・楠田村、同郡（内郡カ）四ヶ所之内ニ可被置旨、立花左近（宗茂）殿と申合候、可有其御心得候、則高橋弥七（統増）へも以書状申入候、

（読み下し）

なおなお、御知行弐百町の事も、在所廻りにて御請け取りあるべく候、その通り弥七へ申し入れ候、以上、

その方居所の義、三池郡の内江浦か新賀江村・楠田村、同郡四ヶ所の内に置かるべき旨、立花左近殿と申し合わせ候、その御心得あるべく候、すなわち高橋弥七へも書状をもって申し入れ候、

（現代語訳）

追伸、知行地二〇〇町のことも、（鎮運の）住むところの近くでお受け取りになるべ

きです。そのように高橋統増《たかはしむねます》に伝えています。
あなたの住所について、三池郡の中の江浦・新賀江村・楠田村・同郡《（内郡カ）》の四ヶ所のうちに置きなさるべきであると、立花宗茂殿と相談しました。お心得ください。高橋統増にも書状で申し入れます。

こちらは天正一五年（一五八七）、秀吉が島津義久を降伏させて九州を支配下に収めた後に、政権の奉行浅野長吉《あさのながよし》（長政）が筑後国の国衆蒲池鎮運《かまちしげかず》に出した書状である。蒲池鎮運は、高橋統増（立花直次）の与力として位置づけられ、居城山下城を失って他所で二〇〇町の知行地をもらうことになった。そこで長吉は、統増の領地三池郡の中から四ヶ所を鎮運の居住候補地として選び、その周辺に領地をもらうよう伝えている。この事例で政権は、（1）の事例とは異なり、寄親《よりおや》の高橋統増の城下ではなく、村への居住を鎮運に選ばせていたのであった。

（3）天正一七年（一五八九）豊後国の事例（『大分県史料　大友家文書録』、二一八九号）

（原文）

御国衆何も在城被申、御番以下御堅固ニ寔《本ノ》《（カ）》可被仰付候、女子衆・小《本ノ》《（カ）》者召寄可被置旨、

重々　上意之事、

（読み下し）
御国衆いずれも在城申され、御番以下御堅固にまことに仰せ付けらるべく候、女子衆・小者召し寄せ置かるべきの旨、かさねがさね上意の事、

（現代語訳）
国衆たちは、いずれも在城して番をしっかりするよう命じてください。妻子や小者は（大名城下に）移住させるようにと重ね重ねのご命令です。

これは、天正一七年（一五八九）一〇月、大名妻子の聚楽第周辺居住が定められた時期に、豊臣秀長の家臣が豊後国の大名大友吉統《おおともよしむね》（義統）に出した文書である。国衆の妻子たちは、南部氏の場合と同様、城下に移住させられることになっているが、国衆本人たちは在城させられている。この在城とは、妻子とは別に記されていることから、大友氏の居城ではなく、国衆自身の城や、大友領内で国衆たちが守るべき別の城であろう。このように、大友家臣団の中の国衆たちは、大名城下ではなく、城への居住を命じられていた。

（4）天正一七年（一五八九）美濃国の事例（『愛知県史』資料編12織豊2、一五四七号）

（原文）

毛利掃部《（広盛）》方知行分之事、まへよりの居住之廻にて可被相渡旨、御意候間、其御心得候て被居候、在所廻にて可有御渡候、

（読み下し）

毛利掃部方知行分の事、まえよりの居住の廻りにて相渡さるべきの旨、御意に候間、その御心得候て居られ候、在所廻りにて御渡しあるべく候、

（現代語訳）

毛利広盛の知行地のことは、以前から住んでいるところの周囲で渡すべきとの（秀吉の）命令ですので、そのようにお心得ください。居住地の周辺にお渡しになるように。

天正一七年（一五八九）の一一月に、政権の奉行増田長盛が、同じく奉行の伊藤秀盛に送った書状である。毛利広盛は美濃国の国人領主であり、他の大名の家臣ではなく秀吉に直属

していたと見られるのだが、秀吉は彼が住んでいる屋敷の近くに領地を与えるよう命じている。美濃国では当時、秀吉の命令で検地が行われていたから、その際、領地を再分配することになり、広盛の分については配慮させたのだろう。このように、聚楽第周辺に住まなければいけないはずの広盛に対し、秀吉は美濃での居住を許していた。

こうして見ると、天正一七・一八年に秀吉は、大名やその家臣の妻子を京都や城下町に移住させるよう命じていたものの、家臣本人たちの移住については、（1）城下に移住させたり、（2）村に移住させたり、（3）大名の居城以外の城に居住させたり、（4）自宅に居住させ続け周りに領地を与えたりと、ケースバイケースだったことがわかる。

秀吉の城破《しろわり》命令は、南部信直には、三戸城以外の家臣の城を残さず壊せというものだった。だが、実のところ、他の事例では、不要な城を壊して必要な城は残せと命じることが多く、全体から見ると南部氏宛の命令は例外的である。つまり、秀吉は、領国防衛などの見地から、大名居城以外にも城が必要であると認識していたのである。

戦国大名朝倉氏・六角氏は、国内の城を破壊しようとしたが、実現できずに終わった。それに比べ、豊臣政権の城破は徹底している。だが、豊臣期の大名領内に大名居城以外の城がほとんど存在しなくなったわけではなく、その状態が訪れるのは江戸幕府による一国一城令が出されてからであった（支城が残った大名もある）［小林一九九四］。

秀吉が推進した大名妻子の京都居住、家臣妻子の大名城下移住は、織田政権と比べれば画期的政策であった。だが、それが武士全員の城下町居住を意味するわけではないことに注意しておく必要があるだろう。

豊臣政権の法令と居住地

豊臣政権が武士の城下集住を進めたという指摘の根拠には、人質政策だけではなく、政権や奉行が出した法令の存在がある。そこでは、村に武士が住むのを禁じたと解釈できるような内容が記されているのである。では、本当にそう解釈するべきなのか、個別に見てみよう。

まずは、天正一九年八月令を見てみよう。先に掲載したこの法令の②の部分には「奉公もせず、田畠も作らない者は、代官・家臣としてしっかりと調べ、居住させるべきではない」とあった。この部分は、前に述べた検地帳に武士が名請けしないという解釈と結びつき、田畠を耕作しない武士を村から追い出して、城下町に移住させる意図があったとする見解も出ているのである。しかし、検地帳関連の解釈が成り立たないことはすでに述べた通りであるし、この条文を言い換えると、武士・奉公人として大名に奉公していたり、田畠を耕作していたりすれば、村から追い出されないことになるのである。したがって、武士を村から追い出す法令とは言いがたい。これと類似の内容を持つ法令が、前年の天正一八年（一五九〇）に出ているので、一部を掲載しよう（「平野荘郷記所収文書」『東浅井郡志』四、八号）。

（原文）

①一、主をも不持、田畠つくらざる侍可被相払事、

②一、諸職人並商売人、此心得仕来候ハヾ、可為其分、此触之後、彼主をももたず、田畠不作侍共、職人商売仕候と申候共、地下可被相払事、

（読み下し）

①一、主をも持たず、田畠つくらざる侍相払わるべき事、

②一、諸職人並びに商売人、この心得仕り来たり候わば、その分たるべし、この触の後、かの主をももたず、田畠作らざる侍ども、職人商売仕り候と申し候とも、地下相払わるべき事、

（現代語訳）

①一、主人に奉公せず、田畠も耕作しない侍は（村を）追い出すこと。

②一、職人や商人は、今まで勤めてきた者はそのまま するように。この法令ののち、奉公せず田畠も作らない侍については、（新たに）職人や商人をしていますと言い出しても、村から追い出すように。

この法令は、最初に「浪人を停止《ちょうじ》する」と明記していることから、研究者の間で「浪人停止令」と呼ばれている。掲載したうち、①の部分は天正一九年八月令と同様である。②の部分を見ると、奉公せず、田畠も作っていないとしても、前から職人や商人としての活動をしていれば問題ないという。ただし、この法令が出た後で、急に「商人をしています」と言い出すものは、村からの追放対象となるというのである。これを素直に受け取るならば、元々武士や奉公人をしていて、今は浪人として村に住み商売をしている者がいたとしても、この法令以前からやっていたのであれば、秀吉は許したということになる。武士や奉公人だからではなく、仕事をせず、身元不明な怪しい浪人だから村から追い払えというのが、秀吉の命令であった。なお、奉公も耕作も商売もしていない浪人を追い出すという秀吉の命令の意図は、盗賊や辻斬り、さらに毒の売買などを行うような、怪しげな者たちが京都に多くいたことが背景にあり、一種の治安対策であったと、藤木久志氏が指摘している［藤木二〇〇五B］。

文禄五年（一五九六）、石田三成が領内の村に広く発布した掟の中には、村内で夫役を担当する家の数を確定した部分がある。そのうち、浅井郡落村の例を見ると、家数一〇八軒のうち、一〇軒が「奉公人物作らず」だったという（『新修彦根市史』史料編古代・中世、石田三成関係史料四二号）。この村では、全世帯の一〇分の一が在村の奉公人だったのである。ここから、豊臣期の奉公人たちが、法令上で在村を禁じられていないだけではなく、実際に村に居住していたことが明らかであろう。

次の法令を見ていこう。第四章でも一部触れた、慶長四年（一五九九）、豊臣秀吉が病死した翌年に出された横田村詮法度の別の部分の条文も、城下町集住を規定したものとして捉えられている（『静岡県史』資料編9近世1、二七号）。

（原文）

一、年貢等相済後、諸給人衆在郷ニ居住、其上手作仕事在之ハ、則可申上候、為其村不申上従余之村相聞候ハヽ、其村可為曲事候、

（読み下し）

一、年貢等相済む後、諸給人衆在郷に居住し、その上手作り仕る事これあらば、すなわち申し上ぐべく候、その村として申し上げず余の村より相聞き候わば、その村曲事た

るべく候、

（現代語訳）

一、年貢の支払いが済んだ後、家臣たちが村に住み、（田畠の）耕作をする事があれば、すぐに通報してください。その（家臣のいる）村が通報せず、他の村から聞いた場合は、その（家臣のいる）村は処罰します。

家臣が村に居住し、耕作することを禁じた内容であり、この法が出された中村一氏の領国では、すでに武士が城下町に居住することが基本となっていたことを示すものとして解釈されてきた。ほぼ同様の内容の法令を、福島正則の家臣福島重治も出しており、豊臣政権による〝支配マニュアル〟というべき内容だったものとも指摘されている［池一九九二］。そうなると、秀吉が大名たちに、武士の在村禁止・城下町居住をマニュアルで強制していた可能性があるだろう。

ただ、そうした解釈が成り立つかどうか、考えなければならない点は多い。まず、支配マニュアルという点については、中村一氏と福島正則の領国ではこの法令が出されたであろうが、他の事例は見つからない。史料の残存数の限界があるから難しいかもしれないが、政権が強制したマニュアルならば、もっと多くの事例が欲しいところである。中村・福島ともに秀吉子飼《こが》いの大名であるから、もし、政権直々のマニュアルだったとしても、大名としての経験が浅い彼らに、支配方法を教えるためのものだったのではないかと池享氏は指摘している。その場合、全国に強制するものではなかったと考えられる。

二つ目に、この法令の対象がどこまでかがはっきりしない。「諸給人衆」は、中村一氏に仕える直臣たちと見られるが、ならば、彼ら直臣たちの家臣（＝陪臣《ばいしん》）の扱いはどうなるのであろうか。また、武家奉公人の記述がないことを考えると、天正一九年八月令と同様に、武家奉公人は在村が許されたと見るべきなのだろうか。このように、武士・奉公人全体の在村・耕作を禁じた法令と見るには、疑問が残ると言える。

三つ目に、年貢を支払った後の在村・耕作を禁じるという条件の問題がある。この法令が出されたのは六月であり、城下町居住が基本で在村を許さないのであれば、年貢の支払いが終わるまでもなく、すぐに通報させるべきであろう。法令の内容を忠実に捉えるならば、年貢を支払う前までは在村・耕作してもいいが、年貢が済んだら城下町の屋敷に住むべきであったという解釈になってくるのである。つまり、この法令は、法令発布時の中村領国には在村・耕作する家臣が存在していたという事実を物語っているのであった。

この慶長四年の年貢支払い後の在村禁止が、恒常的禁止なのか一時的禁止なのかという問題も派生して出てくるだろう。恒常的とみた場合、秀吉が死んだ翌年の秋になって、やっと大名たちは家臣の在村・耕作を禁じるようになった、ということになる。一時的とみる場合は、大名が家臣たちに、在村・耕作できる時期と、城下に居住すべき時期を区切っており、毎年、年貢支払いがその交替の時期となっていた、といった解釈もできるだろう。

このように、横田法度の位置づけは意外と難しい。さらに、他の解釈の余地もある。福島重治の法度も挙げてみよう(『広島県史』近世資料編Ⅲ、一号)。

(原文)

一、諸給人衆之百性手作ハ堅御法度ニ候事、御年貢等相済候後、諸給人衆在所ニ居住、其上手作仕候事有之者、則可訴出候、為其村不訴出、余之村ニ聞出於申上者、其村可為曲事、可有御成敗事、

(読み下し)

一、諸給人衆の百性手作りはかたく御法度に候事、御年貢等相済み候後、諸給人衆在所に居住し、その上手作り仕り候事これあらば、すなわち訴え出すべく候、その村として訴え出ず、余の村に聞き出し申し上ぐるにおいては、その村曲事たるべし、御成敗

あるべき事、

（現代語訳）

一、家臣たちの百姓手作りは堅く禁止しています。年貢の支払いが済んだ後、家臣たちが村に住み、（田畠の）耕作をする事があれば、すぐに訴え出てください。その（家臣のいる）村が訴え出ず、他の村から聞き出した場合は、その（家臣のいる）村は違法であり、成敗します。

内容のほとんどが、横田法度と同じであることがわかるだろう。その中でも注目すべきは、「家臣の百姓手作りは堅く禁止している」という冒頭の一文である。百姓手作りという用語については、「家臣が百姓のように田畠を耕作する行為」を指すと見る解釈が一般的である。だが、もう一つ、「家臣が百姓の田畠を耕作する行為」という解釈もできないだろうか。後者の解釈の余地について、脇坂安治《わきざかやすはる》の法度を見てみよう。関ヶ原の戦いと大坂冬の陣の間の時期である、慶長一五年（一六一〇）八月に、脇坂安治が伊予国喜多郡の家臣に対して発給したものである（『愛媛県史』資料編近世上、八三―八四頁）。

（原文）

一、知行所にて、給人並其下〳〵共ニ、手作田畑によらず仕事ちやうし候、其子細は、よき田畠を百姓前何かと申もさぼり取あけ手作ニ仕、其上ニて耕作之砌、百姓召遣候ハヾ、田畠取あげられ候のみならず、百姓のつかわれ候事迷惑たるへく候間、可ちやうし候、たゝし荒地捨地有之ニおゐてハ、きもいりへ相届、不作に相究るにおゐてハ手作くるしかる間敷事、

（読み下し）

一、知行所にて、給人ならびにその下その下ともに、手作り田畑によらず仕る事ちょうじ候、その子細は、よき田畠を百姓前何かと申しもさぼり取りあげ手作りに仕り、その上にて耕作の砌、百姓召し遣い候わば、田畠取りあげられ候のみならず、百姓のつかわれ候事迷惑たるべく候間、ちょうじすべく候、ただし荒地捨地これあるにおいては、きもいりへ相届け、不作に相究まるにおいては手作りくるしかる間敷事、

（現代語訳）

一、領地で、家臣ならびにその配下はともに、耕作は田・畑によらず禁止する。その理

由は、良い田畑を百姓に何かといって取り上げて耕作し、しかも耕作の時には百姓を召し使った（＝手伝わせた）ならば、（百姓は）田畠を取り上げられただけではなく、（肉体的にも）働かされて迷惑なので、やめるべきである。ただし、荒れ地や捨て地があったならば、村役人に届け出て、（その荒れ地が）不作だと確定したら耕作してもよい。

傍線部によると、脇坂安治は、家臣やその配下の耕作を禁止する理由として、百姓から良い田畠を取り上げて耕作したり、さらにその百姓に耕作を手伝わせたりして、迷惑をかけることになるからだと述べている。安治はもともと、他の地域から伊予に転封で移ってきた大名であり、その家臣たちは伊予の村々に田畠の権利を持っていなかった。そうした状況で田畠を耕作しようとすれば、誰かの田畠を買ったり譲ってもらったりする必要があるが、その時に家臣が武士の立場を利用して、百姓から無理やり良い田畠を取ってしまう事例が多かったのだろう。そうした不法行為が生じないように、家臣の田畠耕作自体を禁止してしまおうというのが、安治の意図であった。

そして破線部には、現在耕作者がいない土地や、作物が実らない荒れ地であれば、家臣は耕作してもいいという例外が示されている。安治が耕作を禁止する理由が、家臣による田畠取り上げの防止にあることは、この破線部分の記述によって、はっきりするだろう。百姓に迷惑をかけなければ、家臣は在村して耕作してもよかったのである。

横田村詮・福島重治・脇坂安治の法令を総合すると、家臣の在村・耕作は完全禁止ではなかったと考えられる。特に、脇坂安治の場合は、百姓の迷惑につながるため禁止、迷惑にならないなら容認という明確な姿勢を示しており、武士や奉公人を城下町以外に居住させないために耕作を禁止したというわけではないことが明らかである。横田・福島法度の解釈は難しい。福島のほうの「百性手作ハ堅御法度」という言葉をヒントにすれば、脇坂と同様の理由による禁止と読めなくはない。ただ、それでも、年貢の支払い後という言葉の意味に関する謎は残ってしまう。詳細な解釈は今後の課題として、ひとまずこれらの法令が、武士・奉公人の城下町居住を原則化したものとは言いがたいことを確認しておきたい。

転封による強制移住

豊臣政権期の城下集住について、今度は転封《てんぽう》政策について見ていこう。

転封とは、知行替《ちぎょうがえ》・国替《くにがえ》・所替《ところがえ》などとも呼ばれており、簡単に言えば、領主が今までとはまったく違う地域に引っ越すことである。ただ、領主が自主的に引っ越したのではなく、上位の権力（豊臣政権や大名など）が領主から領地を没収し、まったく別の新たな領地に移動させるという、ほぼ強制的な移住政策であったことが特徴である。東海地方で五ヶ国を支配していた徳川家康が、小田原の北条氏滅亡後に関東に転封させられた事例が、もっとも有名であろう。戦国大名も家臣の転封を行っているが、豊臣政権の国替がやはり有名である。国替という場合は、一国単位での大規模な転封を指すと思われ、当時の人々や豊臣秀吉自身が国替という言葉をよく使っていることからすると、こうした一国規模での領主の移動が当時、非常に大きな事件として捉えられていたことがうかがえる。

秀吉は転封を数多く実施し、それによって日本国内で大名の移動が多く起こっていった。転封の目的は、一つには欲しい地域を手に入れるために、そこの領主を移動させることであり、もう一つは、長年支配してきた地域から大名・家臣を移動させることで弱体化させることであった。こうして領地の移動に慣らされた近世の大名は、植木鉢の植物のように入れ替わるものとして、「鉢植え大名」とも表現されている。

荻生徂徠や現代の日本史研究者が、城下集住のきっかけとして豊臣政権の転封に注目していたことは、先に紹介した通りである。徂徠の説はひとまず置いておくとして、転封について研究者が注目してきたのは、慶長三年（一五九八）、上杉景勝を越後国から会津へ国替した際に秀吉が出した、慶長三年国替令の内容である。この国替令は第四章ですでに掲載したので、現代語訳のみ再掲し、傍線を引き直す。

（現代語訳）
今度の会津への国替について、その方（＝上杉家）の家中（＝家臣団）は、侍のことは言うに及ばず、中間・小者にいたるまで、奉公人は一人も残さず連れて行くべきです。移動しない者がいたならば、すみやかに成敗すべきです。ただし、現在田畠を抱えて、年貢を支払っていて、検地帳面の百姓と決まっている者は、いっさい連れて行ってはいけません。

再掲にあたって、新たに引いた傍線部では、家中の奉公人をすべて連れて行くよう命じている。一方で先にも述べたように、検地帳に名請けしている百姓は連れて行ってはいけないともいう。先行研究は、これらの記述から、秀吉の命令は武士を根こそぎ連れて行かせるものであり、兵農分離の命令であったと解釈してきた。わかりやすく言えば、村に住んでいた武士を引き剝がして、大名の城下町に移住させよう、というのがこの国替令の目的であるというのがかつての解釈だったのである。

この通説は、果たして正しいのだろうか。すでに見たように、秀吉は武士＝城下町居住という法を制定していたわけではないから、たとえこれまで住んでいた村から移動したとしても、城下町に住むとは限らないのではないか（この点は次章で検討）。また、そもそも秀吉の国替令の内容が、武士の居住地にこだわったものであると見ること自体に疑問がある。この通説は、国替令の朱印状の中の「侍」を武士だと解釈していた頃に形成されたものである。その後、高木昭作氏の研究によって「侍」が武家奉公人の若党だと判明したことは、すでに説明した通りである。武士ではなく、武家奉公人を残さず連れて行くことを命じていたとすれば、この命令の目的も再考しなければならないだろう。

そこで注目したいのが、文禄二年（一五九三）に出された、中川秀成宛の国替令である（『中川家文書』、六一号）。

（原文）

其方事、来春豊後へ被遣候、然者家来者悉召連可罷越候、自然逐電之族於在之者、追先々可加成敗候也、

（読み下し）

その方事、来春豊後へ遣わされ候、しからば家来の者ことごとく召し連れ罷り越すべく

候、自然逐電の族これあるにおいては、追ってまずまず成敗を加うべく候也、

（現代語訳）

あなたのことを、来年春に豊後国へ国替します。それならば、家来はすべて連れて行くべきです。もし逃げ出す者がいた場合は、（秀成の手で）先に成敗してください。

ここで秀吉は、秀成の「家来」をすべて連れて行くよう命じているが、注目すべきは傍線部である。秀成が豊後国に「家来」を連れて行くにあたり、逃げ出す者が出ることを、秀吉は警戒していた。「家来」を逃がさないことこそが、秀吉の命令の要点なのである。

秀成宛の国替令でいうところの「家来」とは、慶長三年国替令が示す武家奉公人と同じものを指すはずである。ここで、第一章や第三章を思い出していただきたい。当時の武家奉公人はよく逃げ出す存在であり、大名たちは人員確保に頭を悩ませていた。秀吉もそれを考慮し、天正一九年八月令などで奉公人の逃亡を防ごうとしていた。これと、中川秀成宛の国替令で奉公人を逃がさないよう命じていることは、一緒の発想から出ていると見るのが自然であろう。つまり、秀吉が奉公人を全員連れて行くよう命じていたのは、奉公人を大名の手元に確保させて、人手不足を防ぐためだったのである。以上から、秀吉の命令の主眼は、武士

を村から追い出すことではなかったと見るべきだろう［平井二〇一二・二〇一三B］。

ただし、転封で気をつけなければならないのは、秀吉の国替令の目的がなんであろうと、結果として武士は、領主であろうとする限り、居住していた城や村から離れざるをえない場合が多かったことである。どういうことかと言うと、大名Aが転封で他所に移動する場合、たとえば、家臣Bが自分の領地から動きたくないと思い、大名Aの家臣団から離れたとしても、新しくやってきた大名CがBに領地を与えなかった場合、Bは結局、領地を失うことになる。実際のところ、新しく入ってくる大名は自分の家臣を連れてきたり、浪人の中から新たに家臣を登用したりする場合が多く、彼らに与える領地を必要としていたから、Bのような、ずっと前からいる武士たちの領地をそのまま認める可能性はそれほど高くなかった。そうなると、Bは浪人あるいは百姓となってしまうから、自分の領地に愛着があっても、大名Aの転封に従って、新天地に移住したほうが安心なのである。

一応、地元に残った武士たちの事例も挙げておこう。

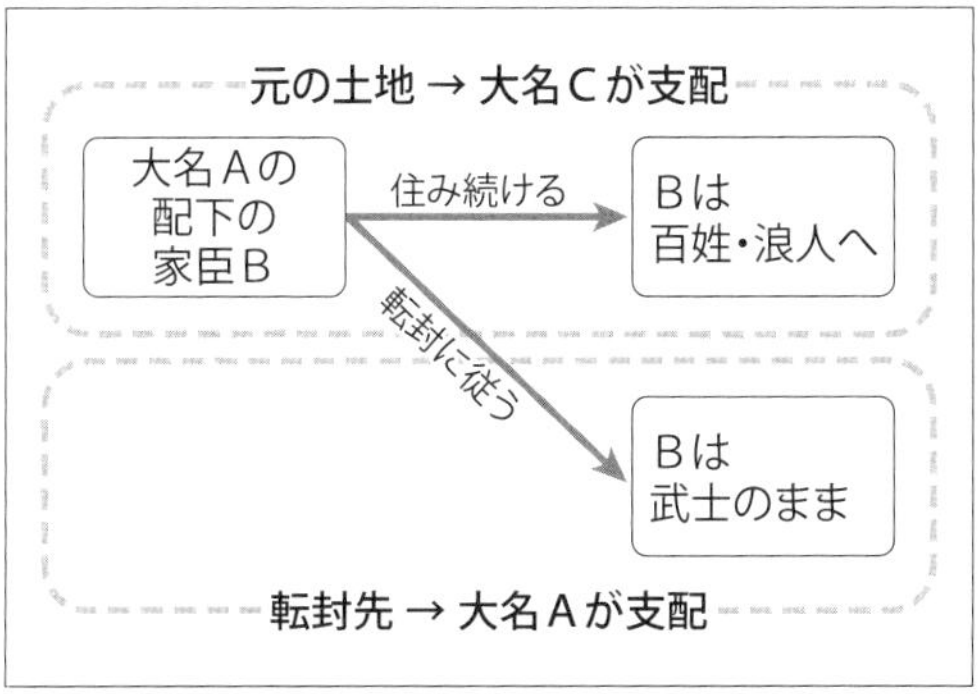

転封と武士

領主としての地位を失ってでも自主的に残る選択をした者もいただろうが、大名にリストラされる場合もあった。関ヶ原の戦いの後に、常陸国から出羽国秋田に転封となった佐竹義宣《さたけよしのぶ》は、「転封先の領地は少ないだろうから、小身の家臣は連れて行きません。百姓になるか他の大名に仕えるかは彼らの自由です」と記している（『茨城県史料』中世編Ⅳ、三三七―三三八頁）。転封によって、大名の家臣はみな、新領地に連れて行かれたのだと通説では言われているが、実態はそう単純ではなかったのであった。佐竹氏からリストラされた小身の家臣たちは、再就職できればいいが、できなかった場合は領主ではなくなるため、義宣が記したように武士や奉公人の地位から外れて百姓になったことだろう。

このように、泣く泣く地元を離れて移住する武士が、豊臣期から大量に発生した。結局のところ、転封は武士に対して、住みなれた城や村から離れたり、住み続けるとしても、百姓に転化するような効果をもたらしたのであった。これによって、兵農分離の特徴㋔、身分の分離が進んだものと思われる。また、転封以前に村で田畠を耕作していた武士がいたとしても、転封先にその田畠を持って行くわけにもいかず、手放すか、誰かに預けることになっただろう。転封先でその武士が新たに耕作を始めなかった場合、兵農分離の特徴㋑、土地所有の分離が進むことになる。さらに言えば、特徴㋒、居住地の変化にも関係してくるが、この点は次章で紹介する。

こうした意味でこの転封政策が、兵農分離に寄与したことは間違いない。だが、それは結果論であって、秀吉は兵農分離を狙って転封をしたわけではなかったのである。

織豊政権は居住地を分離させたのか

居住地の分離について、いくつかの法・政策を再検討してきた。本章の最後に簡単にまとめておこう。

まず、大名クラスを政権の城下町（安土や京都など）に集住させる政策については、織田政権ではなされておらず、豊臣政権が画期となっている。妻子を京都・伏見に常住させることで人質とし、大名本人も京都・伏見での生活が長くなったのである。ただし、常に京都・伏見在住が義務づけられていたわけではなく、自分の国許に戻ることもできたことは注意しておきたい。

大名の家臣については、豊臣政権が城下居住を義務づけた法とされてきたものは、いずれも否定できるから、村への居住は禁じられていなかったと見るべきである。個別の命令としては、妻子や家臣本人を大名城下町に移住させた事例がある一方で、他の城や自分の領地に居住させた場合もあり、ケースバイケースであった。武家奉公人に関して言えば、村への居住が禁じられていない上に、石田三成領内などで実際に在村していることが確認できる。

なお、一七世紀初頭の段階で、全家臣の城下町居住を義務づけていた藩もあるが、それは個別の藩レベルの志向であって、政権による原則ではない。政権レベルと藩レベルの志向は、しばしば混同して論じられてきたが、実証的に見れば、政権は城下居住を義務づけていないのだから、区別が必要である。

よく挙げられる転封政策については、奉公人をすべて連れて行けという豊臣政権の命令の意図はあくまで人員確保にあり、城下町に武士を集住させることではなかった。ただし、転封は結果として、武士が住みなれた城や村から移動する契機となっており、次章で述べるように、城下集住の契機にもなったと見られる。

以上により、織田政権も豊臣政権も、武士の在村を否定して、すべての家臣を城下町に集住させようとしてはいなかったと結論しておきたい。

第六章　近世的居住形態はどのようにして生まれたのか

転封と城下移住

前章では、織田政権・豊臣政権の政策を検討し、いずれの政権も武士を城下町に集住させる政策を行っていなかったことを指摘した。しかし、何度も繰り返すように、江戸時代には武士＝城下町居住という考え方が定着していたのも事実である。城下集住政策がなかったにもかかわらず、武士が城下集住したのはなぜなのか。また一方で、在村する武士が残っていたことも忘れてはならない。本章では、こうした近世の武士・奉公人の居住形態が、どのように発生したのか考えていきたい。

まず、大名の転封を見ていこう。転封が兵農分離政策ではなかったこと、それにもかかわらず、兵農分離の効果をもたらしたことは前章で見た。前章では、兵農分離の特徴㋑や㋔について指摘したが、特徴㋒、つまり城下町集住についても、同様のことが言えるのである。

転封が城下町集住の効果をもたらすとは、どのような状態であろうか。住んでいた村から離れた武士は、城下町に居住させられたに違いないと考える論者は多い。だが、転封先の別の村に住む可能性もあったはずだから、こうした見方は物足りないものがある。そこで、実際に転封を経験した大名とその家臣の様子から、城下集住を考えてみたい。対象は、関ヶ原の戦いの後に、遠江国掛川から土佐国に転封した山内一豊である［平井二〇一三B］。

土佐国は長宗我部盛親が国主であったが、関ヶ原の戦いで西軍についたため、東軍側の山内一豊が新国主となることになった。一豊は家臣団を連れて土佐国にやってきて、長宗我部氏の居城であった浦戸城を居城とした。ところが、浦戸城下町について、早々に問題が起こっていた（『一豊公紀』、四八三頁）。

（原文）

其節ハ御入国之砌にて、何も侍中浦戸に住ミ余り、近き在郷に罷在仕候、六兵衛・次郎左衛門ハ秋山に致住居、

（読み下し）

その節は御入国の砌《みぎり》にて、いずれも侍中浦戸に住み余り、近き在郷に罷り在り仕り候、六兵衛（日比）・次郎左衛門（山田）は秋山（吾川郡）に住居を致す、

（現代語訳）

その頃は（一豊が土佐に）御入国になった頃で、家臣たちは浦戸に住みきれず、近所の

山内一豊像（東京大学史料編纂所所蔵模写）

村に住んでいました。日比六兵衛と山田次郎左衛門は、吾川郡の秋山村に住んでいました。

ここには、土佐入国当初の家臣たちの居住形態について、興味深い事実が記されている。まず、浦戸城下町に住みきれなかった家臣の一部が秋山村に住んだとあるが、この村は浦戸から約八～九キロメートル離れている。八キロといえば、直線距離で東京駅から東中野駅まで（京都であれば、京都駅から嵐山の天龍寺まで）くらいの距離であり、徒歩だと一時間半以上かかるだろうから、城下町の近隣と言うには少し離れすぎている感もある（当然ながら、当時は電車も車も存在しない。馬はあるが、連れていく奉公人は徒歩であるからスピードは出せない）。城下から溢れたという事情があるにせよ、そうした、やや遠い村に山内家臣が住む状況が、この時に生まれていたのである。

しかし、それよりも注目すべきなのは、城下に住めなかった家臣たちが、遠いとはいえ、一応、浦戸の周辺の村に住んだことである。もし、浦戸城下町に十分な広さがあれば、全員城下町に住んだであろう。かつての武士は、自分の領地に住む者が多くいた。豊臣政権は武士の在村を禁じておらず、山内氏にもそうした命令は見られないのに、山内家臣はなぜ自分の領地ではなく城下に住もうとし、無理と見て秋山村に住んだのだろうか。

右の疑問に対する答えは、意外と簡単である。入国当初、山内家臣の領地はまだ決まっておらず、城下周辺以外には住むところがなかったのである。山内一豊が土佐国に入国したのは慶長六年（一六〇一）正月で、そこから一豊は土佐国内の状況を調査した。まったく知らない土地にやってきたのだから、そこを支配するために調査をするのは当然であろう。そして、八月になって、家臣たちに領地を与える知行割をした。その間の半年以上、家臣たちは領地を持たない状態であったから、自分の領地に住むのは不可能である。こうして山内家臣は、長宗我部氏が残していった浦戸城下の屋敷に住むか、城下周辺のどこかに在村（在郷）するかせざるをえない状況ができ上がった。ちなみに、城下の屋敷に住むといっても、勝手に屋敷を選んでいいわけではなく、大名側から屋敷を与えられるのが普通であった。これは大名の都市設計に沿ったものだが、大名が家臣に屋敷・屋敷地を用意したという側面もあったと思われる。

浦戸城下や周辺の村に住むにあたっては、妻子も土佐に来ていた場合は当然、同居したただろう。八月になると、家臣たちは自分の領地を得たが、城下屋敷から新しい領地に妻子を連れて移住できたとは考えがたい。大名の城下町に住んでいる妻子を領地に移すことは、実質的に人質を奪い返すことにつながり、大名に疑われてしまうからである。こうして、家臣の妻子は城下町に集住することが常態となったと見られる（後述する土居付家老《どいつき》のような例もあるから、すべてではない）。後で述べるように、家臣自身も城下での職務があったから、城下町での居住を基本とせざるをえない者が多かったであろう。豊臣期の大名が京都や伏見に住む期間が長かったことと似た状況が、大名とは別の経緯によってでき上がっていったと言える。

こうして見ると、前章で紹介した、荻生徂徠による、豊臣政権期の転封が城下集住の契機となったという説は、大まかな部分では筆者も同意見である。ただ、内容面については同意しがたい。というのも、徂徠が、転封に備えて引っ越ししやすいように、家臣を城下に集めたと見ているのに対し、筆者は、転封の後、結果的に城下町に住まざるをえない状況になっていったと見ているからである。

城下町での家臣たちの居住形態についても触れておこう。浦戸城下町の様子は信頼できる同時代の絵図などがなく、不明な点が多いが、その後、山内一豊が居城を高知城（かつての大高坂城）へ移転してからの様子については、絵図などからよくわかる。貞享《じようきよう》三年（一六八

現在の高知城天守閣（著者撮影）

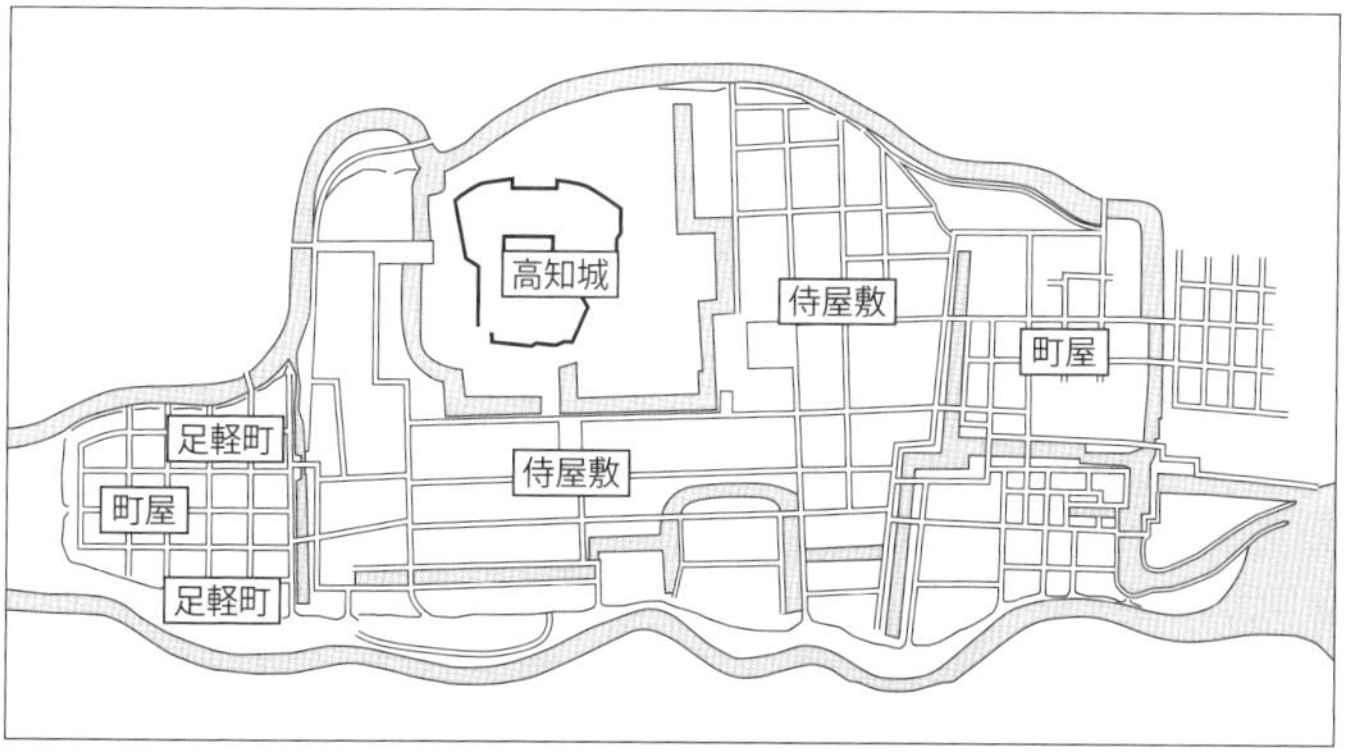

高知城下図（高知市史編さん委員会絵図地図部会編『描かれた高知市』所載「貞享三年高知城下町絵図」を元に作成）　大名の城を中心に、武家屋敷、町人・奉公人の屋敷と外側に広がっていく様は、近世の町割の基本的なあり方だった。

六）の高知城下町の絵図から説明しよう（前頁図参照）。この絵図によると、高知城下町は、高知城を中心とする「侍屋敷」地区が中心にあり、その東西に堀を隔てて「町屋」地区が存在、西の「町屋」地区の南北には「足軽町」地区が広がっている。名前を見ればわかるように、「侍屋敷」は武士、「町屋」は町人、「足軽町」は奉公人が居住する地域であった。

このように、高知城下町では、武士・奉公人・町人と、身分別の町割がなされていた。町割のあり方も、大名の城を中心に、武士の屋敷がそれを取り囲み、その外部に町人・奉公人の屋敷が広がっており、大名権力が中心となった構造になっている。面積から見ても、武士の住む地域が圧倒的に広い。こうした、武士を頂点とした身分別町割は、高知に限ったことではなく、近世では基本的なあり方であった（近世城下町の概要については、松本四郎氏が包括的かつわかりやすく説明している〔松本二〇一三〕）。それ以前の戦国時代の城下町では、武士・町人の居住区が混在しており、大名の居住区の求心性も弱かったから、城下町の構造は中世と近世で大きく変わったのである。豊臣期から江戸時代初頭に作られた近世的城下町はその後、再編されて、居住区の拡大・移転なども行われていったが、やはり身分別町割の原則は守られたと見られる。

こうした変化は、織田信長の安土城下町の作り方が端緒となっていたとされている。信長は武士をすべて安土城下町に集住させるような志向は示さなかったが、城下町内部での身分別居住区分離には積極的であり、それが豊臣政権や大名たちに引き継がれていったと言える。

なお、こうした整然とした身分別居住区が、絵図の通りに維持されたかというと別問題である。萩藩の事例を検討した森下徹氏によると、同藩では早くから武家屋敷の売買を公認しており、家臣は貧困のため、屋敷を他人に貸し出していたという。その結果、一七世紀末には浪人や小商人を家に住ませたり、屋敷を長屋として経営したりするようになった［森下二〇〇七］。大名から拝領した屋敷を下宿として活用していたというのであり、それによって、武士の居住区に小商人が住むような状況が生まれていたのであった。土佐藩でも似たような状況が生まれているが、この点については後述することとしたい。

転封以外による集住

転封によって、大名の家臣が城下町の屋敷に住む状況が生じたという筆者の見解には、まだいくつか検討しなければいけない点がある。まず、転封を条件とするならば、転封していない大名ではどうだったのかが疑問として残るだろう。また、転封後に城下屋敷に妻子を置くとしても、家臣本人は領地の屋敷に住めたはずではないかという疑問も生じうる。

そもそも、戦国大名の家臣に自分の城や村の屋敷に住む者が多かったことは事実だが、そ

長宗我部元親像（東京大学史料編纂所所蔵模写）

れは城下町に家臣が一人も住んでいないということではない。中国地方の戦国大名大内氏の分国法「大内氏掟書」第八六条や第一〇三条では、大内氏の本拠山口に居住する在山口衆という家臣に対して、内緒で在郷することを禁じている（『中世法』三）。ある程度の家臣が城下町に居住する状況を前提とした上で、そこからさらに多くの家臣が城下町居住へと変化していった理由を、転封以外から考える必要があるのである。

　そこで、豊臣期の土佐国主であった、長宗我部元親・盛親父子を題材として検討してみよう〔平井二〇〇八〕。まず、国人《こくじん》・一族・重臣といった上層家臣の居住形態について見てみる。長宗我部氏時代の城下町絵図は存在しないが、幸い長宗我部氏が作成した土佐一国分の検地帳（一部は写本）が現存しており、その時（天正一五年〈一五八七〉頃。岡豊《おこう》城から移転。のちに浦戸城へ再移転）の長宗我部氏の居城であった大高坂城（のちの高知城）の町屋敷の検地帳も見ることができる（『長宗我部地検帳』）。それによると、長宗我部元親の兄弟や子どもが養子として継いだ国人家《こくじんけ》である、吉良《きら》氏や津野氏の屋敷が大高坂城下に存在していた。また、一族の戸波氏、家老の久武氏・桑名氏の屋敷も見られる。こうしたことから、長宗我部氏の元では、上層家臣が城下町に屋敷を持っていたことは確実である。

問題は、こうした重臣たちの城下町居住の発生過程だが、残念ながらはっきりしない。中には、元親以前からの居城である岡豊城の城下にも屋敷を持っていて、大高坂でも引き続き城下に屋敷を持っていた者もいる。大高坂城への居城移転後に屋敷を作った者については、この検地が豊臣政権に降伏した二年後に開始されており、岡豊城から大高坂城への居城の移転作業も豊臣期に進められたことから、南部氏などと同様に、豊臣政権から重臣妻子の城下居住の指示が出されていた可能性もある。

城下に屋敷を持っていて、妻子がそこに居住していても、本人がそこに常に住んでいるとは限らない。長宗我部氏の家臣団の中では、津野親忠の書状から居住形態がある程度読み解ける。親忠は、長宗我部氏が浦戸へ居城を再移転したのち、浦戸城下にも屋敷を持っていたが、しばしば自分の領内の高岡郡須崎から浦戸城下の津野屋敷の留守居に対して書状を送っている。ここから、親忠は浦戸城下に常に住んでいたのではなく、自分の領地に戻ることも可能だったと言える。

ただ、親忠が浦戸の留守居に送った書状の内容を見ると、諸方との連絡や物品の購入、津野領への廻船、長宗我部家中の情報収集など、多様な指示をしていることが目につく。親忠は自分の領地に滞在していても安心できず、むしろ浦戸の様子が気になって仕方がなかったのである。親忠にとって、浦戸城下の屋敷は、家族が住んでいる（と推測される）のみならず、政治・経済など多方面において、もはや欠かすことができない拠点となっていた。行事や出陣などで、長宗我部氏から呼び出されることも多かったのだろう。こうしたことから、親忠は浦戸の屋敷に住む期間が長くなったものと思われる。この事例からは、大名からの強制でなくとも、重臣たち自身の都合で城下町の屋敷に住むことがこの時期に増えていった可能性が読み取れるだろう。大名に従って朝鮮や京都に長期滞在した重臣の場合は、より自分の領地に住む期間が短くなっていたに違いない（この点は、参勤交代が制度化される江戸時代も同様）。

次に、中・下級家臣について見てみよう。長宗我部氏の新当主盛親は、文禄四年（一五九五）、浦戸城下について次の命令を出していた（「蠹簡集」、五七六号）。

（原文）

城下無人ニ而俄用要不相調候間、少身無心候へ共、是非可罷出候、随分可令加増候、先

内々普請用意候て作付仕、其間ニ普請可仕覚悟尤候、委細非有可申候、かしく、

三月廿四日（花押）（長宗我部盛親）

福留勘右衛門

猶以国中撰候て召出候間、異儀候ましく候、

（読み下し）

城下無人にてにわかに用要相調わず候間、少身無心に候へども、是非罷り出ずべく候、随分加増せしむべく候、まず内々普請用意候て作付け仕り、その間に普請仕るべき覚悟もっともに候、委細非有申すべく候、かしく、

（署名・宛所略）

なおもって国中撰び候て召し出し候間、異儀候まじく候、

（現代語訳）

城下に人がおらず急ぎの用事が済ませられませんので、（あなたのような）収入の少ない者に無理なお願いですが、ぜひ（浦戸城下に）出てきてください。随分と領地を増やしましょう。まず（屋敷の）普請の用意をしながら作付けを行い、その間に普請をするの

がいいでしょう。詳しくは（滝本寺の僧）非有が申します。

（署名・宛所略）

なお、国中から選んで召し出しましたので、異議はないようにしてください。

盛親は、浦戸城下での仕事に人手が足りないため、家臣福留勘右衛門に対し、領地の加増と引き換えに浦戸城下に住むよう命じている。同じ文書が複数の家臣に対して出されており、この命令は多くの家臣に一斉に出されたらしい。この文書をもらった家臣たちは、実際に四月に加増などを受けており、その文書ではこの城下移住は「在津」（「津」は港の意味であり、土佐中央部の主要港である浦戸城下町を指している）と呼ばれていた。

ところが、盛親による移住政策は、どうも滞っていた様子である（「蠹簡集」、五八二号）。

（原文）

先度屋敷請取候者共、今朝見及候処于今普請不取立段、油断之体不及是非候、殊今度屋敷請取候者共ハ木引等迠も令免許候処、緩仕候事太以曲事之義候、今月廿六日限ニ屋地引材木已下悉取揃、急度普請不仕候ハ、即時可成敗候条、成其心得、頓普請可仕者也、

五月十六日（長宗我部盛親）（花押）

山田
福留勘右衛門

（読み下し）

先度屋敷請け取り候者ども、今朝見及び候処今に普請取り立てざる段、油断の体是非に及ばず候、ことに今度屋敷請け取り候者どもは木引等までも免許せしめ候処、緩み仕り候事はなはだもって曲事の義に候、今月廿六日限りに屋地引き材木已下ことごとく取り揃え、きっと普請仕らず候わば、即時成敗すべく候条、その心得を成し、とみに普請仕るべき者也、

（署名・宛所略）

（現代語訳）

以前、屋敷を受け取った人たちが、今朝見分したところいまだに普請に取りかかっていないことは、油断でありどうしようもないことです。特に、今回屋敷を受け取った人たちには木引の役目も免除しておりましたが、怠慢していることはたいへんけしからぬことです。今月二六日までに屋敷の材料をすべて揃えてしっかり建築に取りかからなければ、即座に成敗しますので、そのつもりで急いで普請するように。

（署名・宛所略）

盛親が五月一六日に城下町を見回ったところ、福留勘右衛門はまだ屋敷の建築に取りかかっていなかったという。最初の命令から約一ヶ月半経っても、移住は進んでいなかったのである。激怒した盛親は一〇日以内に建築に取りかからなければ成敗すると脅している。こちらの文書も複数の家臣に出されているので、多くの家臣が移住を渋っていたらしい。

右に見たように、盛親の政策は家臣に対して明らかに城下移住を命じたものであった。そうしたことから、従来の研究では、長宗我部氏が家臣を村から引き剝がして城下町に集住させようとし、失敗したと捉えられてきたのである。

だが、三月二四日付の盛親書状の追而書《おってがき》には、「国中から選んで召し出しました」とある。つまり、福留勘右衛門らは、家臣の中でも特に選ばれて移住を命じられていたのである。したがって、この政策は長宗我部氏の全家臣の集住策ではない。

では、選ばれた家臣たちはどのような者だったのだろうか。福留勘右衛門は、「喜津加反《きづか》米奉行」という奉行を勤めていた。移住命令を受けたその他の家臣たちも、なんらかの奉行についていていたり、検地役人をしていたり、長宗我部氏が出す文書に署名したりしている。つまり、移住命令を受けた家臣は、奉行人として、行政的職務を行っていた（あるいは移住後に行った）者ばかりなのである。盛親が選んだ家臣の基準は、そうした職務をこなせるだけの能力を持った者、ということだったのだろう。したがって、この政策は、家臣の村からの引き剝がし・城下集住政策ではなく、有能な人材の行政職への登用政策であったと言える。

有能な人材を登用するのに、なぜ移住が必要になるのかという疑問を持つ人もいるだろう。しかし、その答えも盛親がすでに述べている。すなわち、三月二四日の書状にある、城下に人が少ないので急ぎの仕事が進まない、という部分である。行政的職務ができる奉行人を城下に集めておき、迅速に仕事を遂行させる体制を作りたいというのが盛親の考えであった。軍事や人質等からの必要性ではなく、行政処理の問題から、村ではなく城下町に居住させる必要があったのである。そのため、長宗我部氏は、この移住政策の直後に制定した分国法「長宗我部氏掟書」六一条で、「奉行人として名田や散田を作ることは堅く禁止する」と定めている（『中世法』三）。これは、奉行人を城下町に居住させて職務に専念させるための命令であったと考えられよう。

豊臣期は、豊臣政権が集権性・迅速性を求めたこともあって、多くの大名がこうした奉行人機構を整備した。その結果、長宗我部氏がそうだったように、城下に居住し、奉行人的職務を勤める家臣が増えたものと見られる。土佐藩の事例を解説した際、家臣自身に城下での職務があったから、高知城下町に住まざるをえなかったと記したのは、こうした事情によるものであった。

ちなみに、近世の大名家臣の役職のうち、行政的役職は役方、軍事的役職は番方と呼ばれる。番方について、豊臣政権は、文禄年間に大坂と伏見に在番する直臣たちに、「妻子を連れて領地に在郷することは禁じる」と通達している（『早稲田大学所蔵荻野研究室収集文書』下巻、一〇九五号）。番方は城や大名を守るのが勤めであるから、城下町に住むべきというのが秀吉の方針であった。大名たちも、こうした方針を採って、番方の家臣を城下町に居住させただろう。したがって、職務上の都合で城下町居住を義務づけられる家臣は、役方の者だけではなく、番方にも多かったものと見ていい。特に、元和の一国一城令以後は、大名の居城の番方を勤めるものが増え、城下町居住の動向がより進んだのではないかと思われる。

以上のように、豊臣期に、大名家臣団の上層部は環境的要因から城下屋敷への滞在が長くなり、中・下層家臣は職務のために城下屋敷に居住させられるなど、複数の要因によって、大名家臣の城下集住が進んだものと見られる。武士に村への居住を禁じる法令を制定していなくとも、結果的に城下への集住が発生していったのだった。

なお、右に見た豊臣政権の番方への政策からは、番方以外の直臣に領地への居住が許されていた可能性を読み取ることもできる。大名たちは妻子を京都・伏見に置かねばならなかったが、直臣には義務づけられていなかったのかもしれない。

城下町に住まない武士

ここまでは、大名の家臣が城下町に移住する契機を見てきたが、逆に移住しないパターンについても見ていこう（奉公人については、前章までで述べてきたので省略）。

一番わかりやすいのは、移住を命じられず、村に住み続ける事例である。長宗我部盛親が文禄四年（一五九五）に奉行人たちを城下町に移住させたことは先に見た通りだが、そこで選ばれなかった家臣たちは村に住み続けた。城下で番役を勤めるような家臣は奉行人と同様に移住させたかもしれないが、その他の家臣については、城下に居住させる必要はなかったのだろう。長宗我部氏の知行役には、城下の番役の他に、山での木の伐採・運搬や、国境の警備などもあった。こうした知行役は、村に居住していても勤められるし、むしろ村に居住し続けたほうが、効率が良かったとも言える。

長宗我部家臣団は、わずかな領地しか持たない家臣が大量にいることが特徴であり、国中から選ばれたという城下町居住の家臣より、村に住み続けた家臣のほうが圧倒的に多かったものと見られる（割合を示すことは難しい）。なお、豊臣期の長宗我部家臣の中では、朝鮮への出陣などによって貧窮する者が続出しており、領地を上表（手放して長宗我部氏に返却）することで、軍役を逃れようとする者もいた。熊沢蕃山も記していたように、城下町での生活はコストがかかることから、貧窮した家臣たちを無理に城下町に移住させるのは、長宗我部氏にとってデメリットのほうが大きかったのである。

長宗我部氏は結局、関ヶ原の戦い後に改易されてしまうから、江戸時代の様相についても説明する必要がある。そこで、長宗我部氏の後に土佐国主となった山内氏の事例を見てみよう［平井二〇一三B］。山内一豊が連れてきた家臣たちが城下町居住になっていったことはすでに説明した通りであるが、城下以外の居住の事例も存在する。土佐国の香美郡窪村の土豪窪《くば》氏の系譜の一部を現代語訳して載せよう（『土佐国群書類従』三、一六二頁）。

（現代語訳）

慶長九年一一月八日に息子の（窪）源七郎を高知城にお召し出しになり、（一豊の）直筆の折紙で窪村の一名《いちみよう》を（与えると）お命じになった。（窪村は）国境地域で、別府・笹・窪は城下町へ近いわりに険しい地形でもなく、特に（他国からの侵入に）用心すべき場所ですので、源七郎は押さえとして窪村にそのまま住むように、守備に励むようにとご命令になり、右のように窪村に領地をいただきました。なお、家臣団での格式については訳があって後日調べて知らせるとのお言葉でしたが、翌年（一豊は）お亡くなりになり何のご命令もなく、それ以来、格式についてはお話がありません。

山内一豊は窪源七郎に領地を与えて家臣としたが、国境の重要な地域なので、そのまま住んで守るようにと伝えたという。ここから、山内氏が土佐で新たに採用した家臣を、出身村に居住させて道番とさせていたことがわかる。長宗我部氏の家臣の一部に見られた国境警備と同じく、城下以外での番方としての在村と位置づけることができるだろう。ちなみに、同系譜によると、源七郎は同年に再度、呼び出されて近習役《きんじゅうやく》を命じられて、結局、高知城下に住むことになったという（この点は、格式の命令がなかったという部分とやや矛盾している）。その間、窪村は父新助が守っていたらしい。そして、八年後に、父新助の病気を理由に源七郎は窪村に戻り、国境の番を勤めたのであった。源七郎の息子の源兵衛も、窪村に居住して道番を勤め上げている。

窪氏のように土豪を家臣化して道番として起用する場合、道番としての必要上、その家臣は村に住み続けることになった。入国直後に登用された者は、窪氏以外にも、土佐郡本川村の和田氏、長岡郡豊永郷の豊永氏などがおり、いずれも出身村に居住し道番や村役人を勤めていた。豊永氏の場合、入国時に五郎右衛門が五〇石の土地を与えられ分限帳に「豊永住」と記されており、その子孫は、五郎右衛門の後を継ぐ本家の他、高知城下に出て武士・奉公人になる者や、村に住む郷士となる者、あるいは村役人になる者もおり、中には城下で奉公してから豊永郷に戻ってくる者もいた。豊永氏は、本家が道番・庄屋として豊永郷を拠点としつつ、一族がさまざまな形で活動していたのである。

右に見たように、土佐藩では、道番として村に居住するタイプの家臣が存在した、ただ、規模としてどの程度だったかは不明であり、それほど多くなかった可能性もある。一方、土佐藩のもとで村に居住する武士として圧倒的多数であったのは、郷士《ごうし》（郷侍）である。土佐藩の郷士については、第二章で詳しく説明したため繰り返さないが、新田開発を行った土豪が武士として登用されたものであり、その名の通り、村に住み続けた者が多い。郷士制度の主導者であった野中兼山が失脚する直前の馭初式《のりぞめ》（土佐藩が正月に行う恒例の閲兵式）では、城下士と郷士の割合はおよそ一対二であり、数だけを見ると郷士のほうが圧倒的に多かったのであった。この点、一部の家臣が城下に移住する一方で、多くの家臣が村に住み続けた長宗我部氏と、人数面では似たような状況になっていたと言えるかもしれない。

なお、郷士たちは村役人や地方官僚などを勤めた者もいたが、番方・役方の勤めがない者も多かったという［荻一九八二］。この点は、職務と村居住がリンクしていた道番とは異なる点である。こうした番方・役方につかない郷士たちは、苗字・帯刀権を持ち、土佐藩の家臣団に属しているが、常勤の武士というよりは、普段は百姓・町人的生業にたずさわり、いざという時には武士として働く予備軍としての役割が期待されていたのであった。したがって、土佐藩郷士は兵農分離の特徴のうち、㋔の身分分離は当てはまるが、㋑の土地所有形態、㋒の居住地の点では当てはまらなかったと言える。

余談だが、郷士は村に住むのが基本であるが、城下町に住む者もいる。土佐藩では郷士株の売買も行われており、中には高知城下に住む富裕な商人が郷士株を譲り受け、町人郷士となることもあったのである。このパターンでもっとも有名なのは、坂本龍馬の坂本家であろう。坂本家は高知城下の商人であったが、一八世紀後半に郷士株を取得して町人郷士となっていたのである。また、武市《たけち》瑞山《ずいざん》（半平太）のように、途中から城下町に移り住む郷士もいた。こうした動向に対して反発する向きもあり、一九世紀にはいざという時の海防のために城下町移住を禁止する法令も出されたが、武市瑞山が移住していることから見て、効果は限定的だったとされている［平尾一九六四］。

ここまで挙げた長宗我部氏や土佐藩の事例は、下級家臣であった。上級の家臣については、長宗我部氏のもとで津野親忠が、自分の領地の屋敷と浦戸の屋敷の両方を利用していたことを、先に紹介した。土佐藩の上級家臣については、土居付家老深尾氏の事例が参考になる。土居とは、かつて城であった拠点が元和の一国一城令によって破却されて館となったものである。土佐藩では、平家老は藩政に携わるものとして高知城下町への居住を義務づけられる一方で、深尾・林・安東など一部の有力家老は、城下町から離れた地域にある土居（佐川・窪川・宿毛《すくも》など）を与えられていた。一七世紀段階の深尾氏は、藩主山内氏が土佐にいる時は高知城下の屋敷に住み藩政を補佐し、藩主が江戸に参勤している時は、佐川の土居に住んでいたという［秋澤一九八二］。

一八世紀末の天明〜寛政年間の様子について、町方の日記を見ると、深尾繁澄・繁寛父子が高知城下へ「出府」し、数日で佐川に「帰館」している様子が何度か見られる（『佐川深尾領町方日記』）。こうした表現を見ると、一八世紀末の深尾氏の居住地は、佐川土居が基本となっていたと考えられるだろう。妻の居住地についてには、寛政一〇年（一七九八）九月二一日条には「奥様」が高知に引っ越したという記事がある一方で、翌年一一月一四日条には繁澄と「奥様」がともに高知から「帰館」しており、どのような扱いとなっていたのかは、今後の検討が必要である。

土佐国の上級家臣は、政治に携わる者は、大名城下町に居住することを義務づけられた。一方、城・土居を所有したり、預けられたりした者は、城下と領地の両方を行ったり来たりしていた、とまとめることができる。特に、一八世紀末の深尾氏の事例は、高知城下より佐川土居のほうに居住していたと見た方がよさそうである。こうした土佐藩の事例が、全国にどれだけ敷衍できるかは、まだ検討が必要であるが、近世の居住形態のパターンの一つとして注目しておきたい。

近世武士が住んだ場所

本章の内容をまとめよう。

武士の多くが城下町に住むという近世の状況は、転封時の城下町居住や、役方・番方への勤務といった要素によって進んでいったと見られる。従来は城下町集住を義務づける政策・制度が重視されてきたが、それらがなくとも集住は進んだのである。転封は豊臣期に大々的に行われた政策であるし、役方・番方の整備も豊臣期頃から進んだと見られるから、豊臣期が集住の画期になったことは間違いないだろう。

一方で、城下に居住しない武士の存在を忘れてはならない。国境の道番は、村に居住する番方とも言え、大名居城の番方と対をなす存在である。郷士は予備的役割を担って村に住み続けており、藩によっては、城下居住の武士よりも多くが存在していた。ただ、近世日本では郷士制度がない藩のほうが多かったから、そうした藩では村に住む武士はほとんどいなかっただろう。江戸時代の著作物に見られる、武士は城下町に住む者であるという認識と、「地方凡例録」に見られた、兵農が分かれていない藩もあるという認識は、こうした武士の集住傾向と郷士制の有無によって生じたのである。

なお、家老が土居などを預けられてそちらに居住する例もあるから、城下に住まない武士は下級家臣以外にも存在していた。

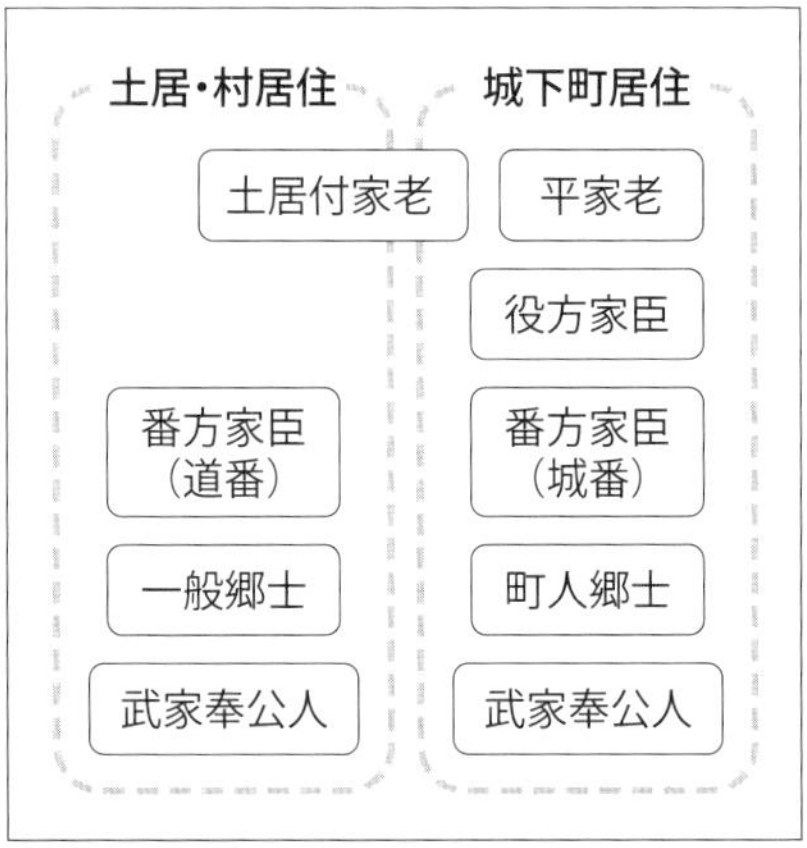

土佐藩家臣の居住形態（人数の割合は考慮していない）

土佐藩の事例からわかる、家臣ごとの居住形態を図にまとめた。本章は、武士がなぜ城下町に集住したかという関心から書き始めているが、タイトルを「城下町集住はどのようにして生まれたのか」ではなく「近世的居住形態はどのようにして生まれたのか」としたのは、これまで紹介してきた城下町以外に住むタイプの武士を、近世のあり方の一つとして位置づけたかったからである。兵農分離の特徴㋒の居住地の変化は、政策・制度として実現したのではなく、状況として発生したのだから、その特徴から外れる郷士のような事例も、近世武士の一員であり、排除すべきではないというのが、筆者の考えである。

なお、恒常的居住ではないため、本章では説明していないが、実は城下町に住んでいる武士が一時的に在村するというパターンもそれなりに広く見られる。この点は次章の内容とかかわるため、合わせてそちらで紹介することとしたい。

第七章 武士は領地支配を否定されたのか

近世の知行制

近世の大名が、家臣を兵農分離させたという言い方がなされる際、しばしば挙げられるのが、家臣の領地支配を廃止した、あるいは形骸化させたという政策である。武士が領地支配をしなくなることによって、土地からの完全な分離が達成し、城下町に住み、俸給をもらうだけの兵農分離した武士となった、という考え方が、かつては主流であった。しかし、知行制の研究が進んできたことで、今ではその考え方も改められつつある。本章では、大名の家臣たちと領地支配の関係の変化について紹介していきたい。

本章では「知行制」という言葉をよく使うため、先に説明しておく。

知行制という場合、「貫高制《かんだか》」「石高制《こくだか》」といった、家臣に与えられた領地の規模を数値で表わす方式を指す場合もあるが、本章で扱う知行制とは、「地方《じかた》知行制」や「俸禄《ほうろく》制」といった、大名が家臣に与える給与の方式を指す用法である。

中世の武士は、領地を支配してそこから年貢を得たり、ある土地の代官などを勤めて中間所得を得たりして、収入源とすることが多かった。戦国大名は家臣となった武士たちに、家臣がそれまで支配してきた土地を継続して領地として認めたり（安堵《あんど》）、新たな領地を与えたり（宛行《あてがい》）して、代わりに軍役などの知行役を勤めさせていた。領地を安堵・宛行された家臣たちは、基本的に自分の手で領地を経営し、年貢を取ることになる。こうした、家臣に領地支配を認めるという形の給与のあり方を、地方知行制と呼んでいる。

一方、近世に多くなった俸禄制は、地方知行制とはまったく違う給与のあり方である。俸

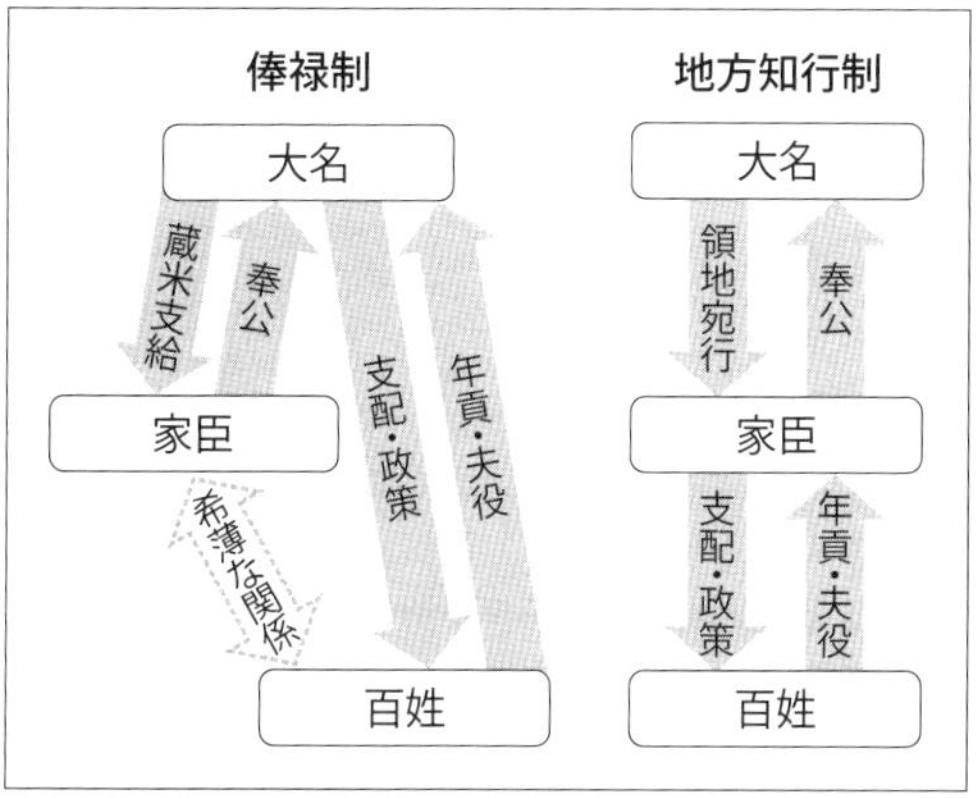

地方知行制と俸禄制の構図

禄制の一つめのパターンは、地方知行制のように家臣に土地を与えるものの、その土地は家臣に支配させず、藩が直接支配して年貢を取る方式である。これを「蔵米《くらまい》知行制」とも言う。もう一つのパターンは、そもそも特定の土地を家臣に与えるということをしない方式である。こちらは「蔵米取」と言う。この二つの方式では、家臣たちは領地支配ができない代わりに、大名（藩）の蔵から蔵米・俸禄米・切《きり》米《まい》などと呼ばれる米などを支給された。視点を変えれば、俸禄制とは、藩が藩内すべての土地を一括支配し、統一的農政を行う方式であると言える。戦国時代は、奉公人クラスに対して蔵米が支給されてい

たが、江戸時代になると、武士層の上層部も蔵米知行の対象となった。

江戸時代の動向として、地方知行制から俸禄制に転換する藩が多かったとされている。『土芥寇讎記《どかいこうしゅうき》』という史料によれば、一七世紀末の段階で、八割強の藩が俸禄制を採用していたことになっている。先述したように、俸禄制では武士たちが領地支配に関与しなくなると考えられていたから、江戸時代の多くの藩の家臣たちは、城下町で働き、藩の蔵から給与を支給されるサラリーマンになったと理解されてきたのであった。

さらに、地方知行制を採用し続けた藩でも、家臣が自由に領地を支配できたわけではない。藩は、家臣の領地も含む領内全体の年貢率を一律にする「平均免《ならしめん》」という制度を採用したり、家臣による領民への夫役賦課や裁判権行使に制限を与えたりしていたことから、武士の領地支配が形骸化した（自由な領地支配がほとんどできなくなった）と理解されてきた。これらから、大名は武士を土地から分離させ、領主ではない存在へと変える政策を行ったのであり、それもまた、兵農分離政策の一環だったという理解が通説となっていたのである。

しかし、こうした通説に対しては、すでにいくつかの疑問が提示されている。J・F・モリス氏のまとめに従って、記していこう［モリス一九九九］。

まず「土芥寇讎記」に掲載されている藩全体の数から見れば、たしかに俸禄制を採用した藩が八割強であるが、藩の石高を基準として分けると、全体の半分が地方知行制になる。つまり、地方知行制は大藩が多く採用し、俸禄制は小さな藩が多く採用する傾向があるのである。また、「土芥寇讎記」は全国の藩を対象として記されているが、幕府はその対象外である。幕府は直臣である旗本の多くに領地支配（地方知行）を認めており、俸禄制の旗本を地方知行に改めることもしていた（地方直し）。したがって、幕府を含めれば、地方知行制を採用する権力の支配地域はさらに広くなる。地方知行制を採用し続けたのは、地方《ちほう》の藩が多かったことから、地方知行は辺境の藩に残存した遺制であったと見られることも多いが、幕府が旗本に地方知行を与えていたことを考えれば、そうした視角は成り立たない。モリス氏はさらに、俸禄制採用藩が最初から俸禄制だった可能性や、土豪層の動向が知行制の議論で抜け落ちていることなども指摘している。

果たして、近世の武士は、大名の兵農分離志向によって領地支配権を奪われたのだろうか。本章では、近世＝俸禄制＝兵農分離という通説に対して先行研究が行った批判を踏まえて、豊臣期から近世前期の知行制を見ていくこととする。特に、地方知行制から俸禄制への転換という視角が論点となっているから、そこに記述の重点を置きたい。その際、法令から権限や規制だけを抜き出して検討するのではなく、それがどのような理由で行われたのかという視点から検討することを心がけたい。

知行権の統制

まず、織田期から豊臣期にかけて、地方知行制のもとで家臣が行う領地支配に対する、大名側の介入的事例を見ていきたい。

織田信長は、重臣柴田勝家に越前国を与える際に、領地支配に関する掟を定めていることがよく知られている。これと同様のものは天正一〇年（一五八二）、本能寺の変の三ヶ月前にも出されているから、信長は新領地に赴任する家臣の多くに同種の掟を与えていたように思われる（どちらも『信長公記』に記載）。その中から、家臣の領地支配の権限に関する条文を見ると、①関所を作ってはいけない、②本年貢の他に不当な税をかけてはいけない、③裁判は贔屓《ひいき》せず念入りに調べて判決するように、といったものがある。この他に、配下にしっかりと領地を渡すようにとか、武功を立てた者に与える分の土地を残しておくようにといった支配の心得を説く規定もある。

①に関しては、織田領内すべての関所を廃止するため、それを家臣の領内でも徹底させたものである。中世では、各種の権力が勝手に関所を作って収入源としていたが、それを認めないという。②については、自分勝手に新たな税をかけてはいけないという、徴税権の規制

となっている。③は裁判の公平さを求めたもので、権限の規制とは言いがたいかもしれない。全体として、家臣が恣意的に領地を支配することに、制限を加える志向を信長が持っていたことは明らかであろう。

一方、これらの条項を裏返すと、家臣に認められた権限も浮かび上がってくる。②では家臣の徴税権を前提としており、年貢を家臣が徴収するという地方知行制であったことが明らかである。③は家臣が領内の裁判を取り仕切ることを前提としているから、家臣には領内の裁判権も認められていたのである。数年前に、テレビ番組で「信長は家臣に給与を直接渡していた」と、俸禄制の全面採用を臭わすような説明が流されていて、とても驚いた覚えがあるが、実際の信長は、家臣による領地支配を認めていることが明らかである。

信長は、領民に過重な負担がかかることを防ぐために、恣意的な支配を制限したが、徴税や裁判など基本的な権限については家臣に認めていた。この点について、信長は家臣を代官的立場にとどめていた（領地を預けただけだった）とする見解と、家臣を大名として取り立てた（その国を支配する領主とした）という見解が出ており、議論となっているが、今のところ、後者の考え方のほうが妥当であるように思う［戦国史研究会二〇一一］。

豊臣期に下って、長宗我部氏の事例を見てみよう［平井二〇〇八］。長宗我部氏は豊臣期に「長宗我部氏掟書」という分国法を制定しており、そこから家臣に与えた支配権を読み取ることができる（『中世法』三）。

（四七条）

（原文）

一、国中知行方之儀、以毛見之上、三分二地頭、三分一者百姓可取之、此旨百姓及異儀者、地頭可任心、兎角田地不荒様、可申付事、付、作職之事ハ、近年如相改、順逆地頭可任自由事、

（読み下し）

一、国中知行方の儀、毛見の上をもって、三分二は地頭、三分一は百姓これを取るべし、この旨百姓異儀に及ばば、地頭心に任すべし、兎角田地荒れざるよう、申し付くべき事、付けたり、作職の事は、近年相改むごとく、順逆地頭自由に任すべき事、

（現代語訳）

一、国中の知行について、検見を行った上で、（収穫物の）三分の二は領主、三分の一は百姓が取るように。このことに百姓が異議を申し立てたならば、領主の判断に任せ

る。とにかく、田地が荒れないように命じること。付則、（年貢を支払わない者の）作職については、近年改定したように、処分は領主に任せる。

（六〇条）

（原文）

一、国中諸百姓、地頭、庄屋、奉行人として、随分可相孚、相定成物以下之外、臨時之用所、不可申懸事、勿論、毎年相定年貢堅可運上、毛頭於未済者、直分者、庄屋・名主中忽可行重罪事、

（読み下し）

一、国中諸百姓、地頭、庄屋、奉行人として、随分相孚くむべし、相定む成物以下のほか、臨時の用所、申し懸くべからざるの事、勿論、毎年相定む年貢かたく運上すべし、毛頭未済においては、直分は、庄屋・名主中たちまち重罪を行うべき事、

（現代語訳）

一、国中の百姓たちは、領主・庄屋・奉行人で、ずいぶんいつくしみ育てるように。決

まった年貢のほか、臨時の税はかけてはならない。もちろん、毎年決まった年貢はしっかり払わせるように。年貢が支払われない場合は、(長宗我部氏の)直轄領では、庄屋・名主を重罪とする。

四七条は、土佐国内の収穫物について、作柄調査の上で領主と百姓が二対一(二公一民)で取るようにと定めたものである。この二公一民の原則は、豊臣政権が先に定めているので、長宗我部氏はそれを踏襲したものと思われる。六〇条でも、定まった年貢以外の臨時の税は取ってはいけないと定めており、織田政権と同様に、長宗我部氏も家臣の年貢徴収に上限を設けていたことが明らかであろう。そして、これも織田政権と同様、家臣による年貢徴収権そのものは認めていたのである。

ちなみに、四七条では家臣が百姓から作職《さくしき》(耕作権)を取り上げていいと規定している。この点については、第五章で見た脇坂安治の法令などのように、豊臣期には家臣が作職を取り上げることに否定的な傾向が見られるから、長宗我部氏の政策は遅れたものと評価されてきた。だが、その評価は改める必要がある。豊臣期に家臣による作職没収が禁じられる傾向にあったのは、脇坂安治の法令に記されていたように、家臣が良い田畠を取り上げて、自分のものにしてしまう事態が起きるからである。一方、四七条の作職没収は、家臣に好き勝手な没収を認めたのではなく、年貢を支払わないにもかかわらず、昔からの権利を盾に、土地を手放さない事例を想定して、強制執行権を与えたという性格が強い。恣意的な没収と罰としての没収を混同して評価すべきではなかろう。

ただし、脇坂安治の法令とこの四七条の内容は、どちらも当時の大名の姿勢を反映したものと捉えることが可能である。脇坂氏の作職没収禁止令の他にも、織豊期の大名が家臣の領地支配に制限を加えていたことは、ここまでに説明した通りであるが、そうした制限を加えた理由は、家臣を抑圧するためというよりは、百姓を保護するためであった。この点は、「長宗我部氏掟書」六〇条の「国中の百姓たちは、領主・庄屋・奉行人で、ずいぶんいつくしみ育てるように」という言葉がその意図を明瞭に示している。大名たちは、自分の領内の百姓の生活を成り立たせるようにしないと、安定した支配が継続できないと考えていたのである。

だが、百姓が年貢を支払わないとなれば、話は別である。年貢がなければ、大名も家臣も収入が激減してしまう。大名としては、百姓の成り立ちも大事だが、自分や家臣の生活も維持しなければならないのである。つまり、百姓の保護は、慈悲の精神から出ているのではなく、あくまでも収奪を安定して行うための方針であった。年貢の上限を設ける一方で、未納の場合に作職を没収するという四七条の規定は、家臣に地方知行を認めた上で、百姓と家臣の両方を成り立たせるために、こうした内容になったと言える。

このように長宗我部氏は、百姓の保護と家臣の保護のために家臣の支配権に調整を加えていたが、知行権を統制する目的はもう一つある。たとえば四九条では、検地以後に家臣領内の田が荒れ地となることを認めないとし、五二条では隠田《おんでん》を認めないとしている。家臣は、自分の領内の田畠だからといって自由にできたわけではなく、維持したり、所在を報告したりしなければならないのであった。この条文は、家臣が軍役をしっかり果たせる体制を維持し、さらなる軍役も賦課しようとして作られたものであろう。また、七六条では、家臣の領内にある木でも、「公儀御用木」としておいたものは勝手に伐採してはいけないと定めている。ここで言う「公儀」が豊臣政権を指すのか、あるいは長宗我部氏を指すのかは微妙であるが、家臣の領内の木が、上位の権力のものになっている状況が読み取れるだろう。

軍役や御用木といった、大名側の都合による支配権の制限が行われた理由は、豊臣政権の影響も大きい。豊臣政権が大規模な戦争を繰り返す中で、当時の大名は、政権からの命令に従って軍役を果たさなければ、取り潰されてしまう可能性もあった。百姓保護、家臣保護、軍役強制といった理由による領地支配権の統制は、総合的に見れば、長宗我部氏自身が軍役を果たすために必要な政策だったと言えるだろう。ここでは長宗我部氏を扱ったが、当時の大名は多かれ少なかれ、同様の理由で家臣の領地支配に制限を加えていたものと思われる。

以上のように、織田政権や、豊臣期の大名は、地方知行制を採りつつ、百姓保護・家臣保護・軍役強制のために、家臣の領地支配のあり方を統制していた。本来であれば、俸禄制も検討すべきであるが、この時期の俸禄制についてはわからないことが多い。江戸時代のように、全面的に俸禄制を採用する大名が存在していたか否かも不明であることを断っておきたい。

地方知行制の継続

ついで、江戸時代の様相を見ていこう。本章の冒頭で説明したように、江戸時代には地方知行制から俸禄制に転換する藩が多く、地方知行制を継続した藩も家臣の支配権を形骸化させたと言われている。だが、地方知行制が強く残った藩もある。ここでは先に、地方知行制を継続した藩について見てみたい。

これまで何度か触れてきた土佐藩では、入国して半年以上後になって家臣に領地を与えたことからもわかるように、地方知行制を採用していた。その後、一七世紀末に、新しく与える領地を蔵米知行とするように決定したが、地方知行で与えた既存の領地を転換させたわけではなかったため、一貫して地方知行制を維持した家臣が多かった。一七世紀末の藩法である「元禄大条目」を見ると、土佐藩の家臣は、年貢・夫役の徴収、裁判、給地庄屋任免、栄誉（苗字・帯刀）授与など、かなりの裁量権を与えられている。秋澤繁氏によると、土佐藩の家臣は領地の屋敷に一族を居住させ、現地を支配させていたといい、多くの作職も集めさせていたという。こうした点から、秋澤氏は、土佐藩の地方知行制が土居付家老から馬廻層に至るまで形骸化されなかったとしている［秋澤二〇〇二］。

権限の面や実際の状況面以外に、家臣たちの意識面も見てみよう。次に掲げる史料は、一七世紀後半の寛文六年（一六六六）七月、洪水の被害が起きた際に土佐藩の家老らが藩に上申した言上書である（『忠豊公紀』二、四九八頁）。

（原文）

一、御家中江知行方地方ニ而被成下、万端給人支配仕儀ニ御座候ニ付、百性水火之難をも給人救申筈ニ御座候、然共此度之儀ハ御入国以来終無御座水損、面面給地東西共ニ大分之損亡、就中西分ニ知行所有之分ハ大形毛捨罷成、一粒も不納地大半御座候、就其今度ハ給地分も御蔵入同前ニ公儀より御救被仰付候、御家中侍共難有奉存候、

（読み下し）

一、御家中へ知行方地方にて成し下され、万端給人支配仕る儀に御座候に付き、百性水火の難をも給人救い申すはずに御座候、しかれどもこの度の儀は御入国以来ついに御座なき水損、面面給地東西ともに大分の損亡、なかんずく西分に知行所これある分は大形毛捨て罷り成り、一粒も納まらざる地大半に御座候、それについて今度は給地分も御蔵入同前に公儀より御救い仰せ付けられ候、御家中侍どもありがたく存じ奉り候、

（現代語訳）

一、家臣たちへ領地を地方知行で与えて下さり、すべて家臣が支配するようになっておりますので、百姓の災難は（領主である）家臣が救うはずです。しかし、今回のこと（＝洪水）は（土佐への）御入国以来、初めての水損で、みなの領地は（土佐の）東側も西側もともにかなりの損害で、特に西側に領地がある分はほとんど毛捨て（＝米が実らないことか）になっていて、一粒も（年貢が）納まらない土地が大半です。それについて、今回は家臣の領地の分も藩の直轄領と同様に藩から御救い（救済）をお命じになりました。家臣たちはありがたく思っております。

この文章からは、①地方知行の家臣たちが領民を救う義務感を持っていたこと、②藩から

の「御救」は本来、蔵入地だけに適用されると考えられていたこと、③家臣が自力で対応できないために藩からの「御救」を受け入れていたこと、が読み取れる。①と②の部分からは、自分たちは領主として、自分の力で領地を支配する存在であると、家臣たちが自覚していたことを指摘することができるだろう。土佐藩の地方知行制下の家臣たちは、本人が城下町に居住していたとしても、権限・実態・意識の三点揃った領主であったのである。

地方知行制を維持した土佐藩だが、何も介入しなかったわけではない。元和七年（一六二一）の改革では、支藩中村領を含む家臣への反米賦課《たんまい》（年貢の五％、のち一〇％）、給地二五％借り上げ、切米取《きりまいどり》への給付三割引（在国者のみ）、家臣の夫役賦課権制限などを行っている[石躍一九五九・一九六〇]。土佐藩は、家臣の収入を一部自己のものとして収公《しゅうこう》し、さらに領地支配権を制限するような政策を行う一方で、それでも地方知行制を形骸化させなかったのである。

こうした土佐藩の方針は、どのように形成されただろうか。まず、元和の改革の背景から見ていこう。

一七世紀前半の土佐藩では、低調な米の収穫や、江戸城・駿府城・名古屋城・篠山城・大坂城といった江戸幕府による城普請への参加、軍役の負担などにより、「土佐守殿借銀今之分ニ而ハ御身上可相果候」（土佐守殿＝二代藩主山内忠義の借銀は今のままでは破産しそうです）

といった状況にあった。また、「無道之御給人」が過重な夫役をかけたため、百姓の逐電が起きていたという（『忠義公紀』一、五八七頁）。つまり、元和改革のうち、家臣の収入を一部自己のものとしたのは藩財政を救うため、夫役賦課権に制限をかけたのは、百姓を保護するためであった。

藩としては、「御家中高下之御知行取承及体、身体不罷成役仕かね候衆ハ多者無之よし聞へ申候」（家臣は上下ともに、地方知行の者で貧窮して仕事ができないという者は多くないと聞いています）と、負担増・支配権制限があっても、家臣は知行役を勤められるだろうという認識を持っていた（『忠義公紀』一、六〇四頁）。ところが、改革から一〇年ほど経った寛永九年（一六三二）頃には、土佐藩の家臣が集う正月行事である騏初《のりぞめ》式に、「馬うすく罷成し」（馬が少なくなった）という状況となってしまっている（『忠義公紀』二、四一〇頁）。年頭に、家臣団の軍事力や主従関係を再確認するという重要な行事なのに、馬が少ないという事態は、藩にとっては一大事であった。この事態を言上した深尾重良は、原因として「家臣たちの生活が苦しくなったのでしょうか。生活できる者たちも控えているのでしょうか」と推測し、「いざという時（＝戦争）に五日・一〇日と催促しても人数が集まらないかもしれません」と危惧している。家臣たちは、重要な行事や戦争にも参加できない程、窮乏化していたのである。

右に見たように、土佐藩の見通しは外れ、家臣の窮乏化により軍役の遂行すら危うい状態となっていた（ただし、後述するように他藩でも家臣の窮乏化は進むから、藩の失策とばかりは言えない）。そこで藩では対策を余儀なくされる。その一つは借銀制であり、もう一つが在郷制であった。後者について、寛永一六年（一六三九）の藩主山内忠義の命令を見てみよう（『忠義公紀』三、二頁）。

（原文）

侍共在郷越之儀、弐百石より上ハ在高知、弐百石より下ハ在郷令用捨、然上者弐百石取之者ハ急度馬を所持可仕候、弐百石より下之者も国馬成共可相嗜候、将又在郷へ越候事、野中主計に子細を相断其上を以可越候、私に相越事令停止、寄騎儀ハ其組親に可相理、知行高ハ右同前、従先年如定置高知より三里之内に可令在郷候、遠所ハ可為停止、在郷へ越候共高知之屋敷持不荒候様に普請可仕候、

（読み下し）

侍ども在郷越しの儀、弐百石より上は在高知、弐百石より下は在郷用捨せしめ、然る上は弐百石取りの者はきっと馬を所持仕るべく候、弐百石より下の者も国馬成りとも相嗜

むべく候、はたまた在郷へ越候事、野中主計に子細を相断りその上をもって越すべく候、私に相越す事停止せしむ、寄騎の儀はその組親に相理るべし、知行高は右同前、先年より定め置くごとく高知より三里の内に在郷せしむべく候、遠所ハ停止たるべし、在郷へ越し候とも高知の屋敷持ち荒れず候ように普請仕るべく候、

（現代語訳）

家臣たちの在郷について、知行高二〇〇石以上は高知城下居住、二〇〇石から下は在郷を許す。こう定めた上は、二〇〇石以上の者は馬を所持するようにしてください。二〇〇石以下は（土佐の）国の馬であろうとも持ってください。在郷する時は（家老の）野中兼山に事情を話してから行くようにしてください。勝手に行くことは禁止する。与力の者は寄親に相談するように。（与力の）知行高（の基準）については右と同じである。先年決めたように、高知から三里以内の村に在郷するようしてください。遠い村は禁止する。在郷していても、高知の屋敷は荒れないように整備してください。

土佐藩は、家臣のうち①二〇〇石未満の下級武士に、②許可制で、③高知から三里（約一二キロメートル）以内に限定して、④在郷することを認めていた。ここでは、在郷と窮乏の

関係ははっきり述べられていないが、正保二年（一六四五）の法令では、「借銀返済のために在郷させるのだから、返済したら城下に戻るように」と言っているから、明らかに、窮乏化が在郷制開始の契機である（『忠義公紀』三、三六六頁）。城下町での生活コストが家臣たちの負担になることは、これまで幾度か述べてきた通りであり、在郷によって負担を軽減させ、家臣の台所事情を再建させようというのが藩の考えであった。第一章で岡山藩の熊沢蕃山の発想を紹介したが、彼の意見のうち、在郷によって家臣を窮乏化から救おうという点に限って言えば、蕃山以前から他所で実施されていたのである。ちなみに、中には在郷中に城下の屋敷を他人に貸す者もおり、前章で見た萩藩と似たような状況も生まれていたらしく、正保二年令で藩は「人に貸して屋敷が荒れた者は屋敷を没収する」と命じている。

なお、在郷制は右の寛永一六年以前からあったらしい。「治代普顕記」という史料には、寛永年間の初め頃の奥山善兵衛という家臣について、「身体すりきり不便に成て弘岡村の向ひ高岡ニ知行有て彼在郷ニ入住居せし」（生活が苦しくなり、弘岡村の向かい高岡の領地で在郷していた）と記されている（『忠義公紀』一、六八七頁）。また、同一四年の島原の乱の出兵準備の際には、「女子又ハ荷物等物さハかしく持運作法不可然故、先先妻子なとハ在郷ニ召置、主主迄在高知仕候様ニ被申付候」（妻子や荷物を大々的に移動させるのはよくないため、まずは妻子を村に置いて、家臣本人が高知に来るように）といった命令が出ている（『忠義公紀』二、六八二頁）。城下の屋敷が荒れることを心配していたことからも察することができるように、在郷する際、家臣は妻子を連れて行くことができたのである。

このように、窮乏化した家臣の生計を立て直させるため、土佐藩は、家臣を城下町から村に移住させて、通いの奉公をさせる制度を立てていた。在郷する家臣は、自分の領地が高知城下から三里以内にあるのであればそこに住んだはずであり、それが結果として、領地支配を強化することにつながっただろう。藩としては、家臣による領地支配を完全否定するのではなく、逆に領地とのつながりを維持させる方向性で、家臣を窮乏化から救おうとしたと言えるだろう。つまり、土佐藩の地方知行制の残存は、藩が家臣の生計を維持しようとした結果であったと見ることができるのである［秋澤二〇〇一］。

俸禄制の転換および地方知行の形骸化

地方知行制が強く残った藩の事例として、土佐藩の様相を見た。次に、俸禄制に転換した藩や、地方知行制の形骸化政策と見られる政策を行った藩の事例を、おもに西日本からいくつか挙げていこう。

〔1〕筑後国柳川藩

まず、九州の大名立花氏の柳川藩について、中野等・穴井綾香両氏の成果をもとに説明しよう［中野・穴井二〇一二］。柳川藩では、普請や島原の乱、それに寛永の飢饉につながる疫病によって、寛永末期に藩や家中の借銀が膨大になった。そこで家臣たちは、藩主立花忠茂に領地の返上を申し出た。忠茂はこの申し出を断り、宝物の売却や倹約によって乗り切ろうとした。こうした柳川藩の様子について、隣国豊後国の岡藩では、次のように書き留めている（『中川家文書』、一八七号）。

（原文）

御家中侍衆借銀大分御座候てなりかたき時ハ、　殿様ゟ御ちぎやう御預かり被成候て、五人御座候へハ七人ぶち、七人御座候へハ十人ぶち御渡し、御ぐんやく御ゆるし被成、借銀はらい候てから、又知行御渡し被成候由申候、

（読み下し）

御家中侍衆借銀大分御座候てなりがたき時は、　殿様より御ちぎょう御預かり成され候て、五人御座候えば七人ぶち、七人御座候えば十人ぶち御渡し、御ぐんやく御ゆるし成

され、借銀はらい候てから、又知行御渡し成され候由申し候、

（現代語訳）

家臣たちで借銀が多くて生計が苦しい時は、殿様（＝立花忠茂）が家臣の領地をお預かりになり、（家来が？）五人いれば七人扶持、七人いれば一〇人扶持をお渡しになって、軍役を免除なさり、借銀を返しましてから、また領地をお渡しになっているとのことです。

柳川藩では、借銀に困った家臣が、領地を大名に預けて生活費だけをもらって暮らし、借銀を返し終わったら、領地を再びもらっていたという。柳川藩の家臣は、自分の領地の経営を負担と考えていたようである。家臣たちが借銀に困った末にとった行動が、藩主への領地返上の申し出であったのも、そういった意識によるものだったと思われる。

正保年間（一六四四―四八年）には、江戸から柳川に帰る際に借銀をしないと帰れなくなった家臣に対し、領地を没収して蔵米知行に転換させるという命令が出ている。延宝《えんぽう》七年（一六七九）には、家臣の領地の年貢率を藩側で決定するとともに、借銀の返済方法を決め、返せない者は領地返上、二〇〇石以下は在郷許可といった法令を定めた。後半部分は寛永年

間（一六二四―四四年）からの借銀対策の流れを踏んでいることから、最初の年貢率の藩側決定についても百姓保護・家臣救済といった背景があるものと見られる。

そして柳川藩では、天和元年（一六八一）に、一部を除き知行制の基本を俸禄制に転換したのであった。ここまでの流れから考えると、家臣の借銀問題が深刻化した結果、藩が藩内すべての土地を支配し、家臣には蔵米を渡す体制を築くことによって、問題を解決しようとしたものと見ることができるだろう。

〔2〕長門国萩藩

毛利氏の萩藩については、森下徹氏の研究を参照する［森下二〇一二］。

萩藩では地方知行制を採用し続けていたが、他藩同様に家臣の窮乏化が進む。そこで藩は「扶持方成《ふちかたなり》」という制度を導入した。これは、柳川藩で行われているとされた方式と同様に、借銀の返済ができない家臣の領地を藩が預かり、生活費のみを支給する制度である。藩は家臣の領地を管理し、そこから上がる年貢を家臣の借銀返済に充てていた。

扶持方成の状態では奉公もしないということで、外出なども控えて逼塞しているよう藩は命じていた。さまざまな負担から逃れられるのはいいが、武士としてはかなり不名誉な状態であろう。ところが、萩藩では中堅層の家臣たちの三分の一近くが扶持方成の恩恵にあずかるような状況になった結果、家臣たちはこの状況を不名誉とも思わなくなったのか、繰り返し申請する者もいたという。そのため、萩藩は複数回の申請はあまり受けつけない方針を示し、やがて制度そのものの縮小を図っていくことになった。この事例は、武士の中に、領主としての地位から解放されたいと考える者もいたであろうことを暗示していると言えるだろう。

なお、萩藩でも、一七世紀半ばに窮乏した家臣の在郷が許可されている。ところがその結果、城下町に家臣が少なくなり、町人の商売も滞って、衰退した様子になってしまったという。この問題は幕府からの国目付を迎える際に表面化し、衰退して火事にも対応できないような状況を国目付に見られることは、藩として好ましくないということになった。そこで藩は、在郷できる家臣を八〇石以下に限定し、それ以上の者は三年以内に萩城下に出てくるよう命じている。藩が家臣を城下に居住させ続けようとする要因の一つとして、町の振興や見栄えの問題があったというのが面白い。

〔3〕小倉藩および熊本藩

細川氏は関ヶ原の戦い後に小倉藩、加藤忠広の改易後に熊本藩へと転封した。以下、松本寿三郎氏や宮崎克則氏の研究に拠りながら見てみよう［松本一九七七。宮崎一九九一］。

細川氏では家臣の城下町集住を義務づけていた。ところが、寛永年間から、妻子を伴った在郷が許可され始める。その理由は、例によって家臣の窮乏化である。また、家臣の中には領地の返上を申し出る者や、俸禄制への転換を申し出る者、自領の年貢率の決定を藩に任せようとする者も出てきた。そうした家臣側からの要望を受け、寛永四年（一六二七）に藩は、柳川藩や萩藩と同様に、家臣の領地を預かって蔵入地同様に経営し、借財を返済させる政策を実施している。

そして、熊本に転封して約五〇年後の延宝八年（一六八〇）、藩の蔵から手取米を支給し、その間は領地の年貢を大名蔵入地と同様とする、上知令《あげちれい》を出した。これによって、地方知行制から俸禄制へ転換したが、この時は全面的転換ではなく、地方知行に戻すことを視野に入れており、三年後、地方知行に復帰した。その後、正徳三年（一七一三）には再度、上知令が出されて、幕末まで俸禄制に転換した。ただし家臣には、領地からの夫役徴収や馬のための糠・藁の徴収が許されていたのであった。

〔4〕福岡藩

黒田氏の福岡藩について、福田千鶴氏の研究をもとに見てみよう［福田一九九九］。

福岡藩では、寛文三年（一六六三）、江戸や京都、大坂など遠隔地に詰めるため、領地経営が困難な家臣に対し、蔵米による支給を採用する。また、寛文一三年、家臣の領地に対する年貢率を藩が一律で決め、村の維持・管理や年貢徴収も藩側で行う「掟高制《ならしだか》」を導入した。年貢は代官が徴収して庄屋に渡し、その庄屋から家臣が自分で受け取ることになっているから、藩の蔵から年貢を支給される俸禄制とは異なる制度である。この掟高制は、一見すると家臣から年貢率決定権などの権限を奪う地方知行形骸化政策のようである。しかし、実態としては、家臣の収入を平均化するとともに、年貢率の決定や年貢の徴収といった煩雑な仕事を藩が代行することで家臣の負担の軽減を狙ったものであり、藩は「家中御救」政策であることを強調していた。

効果を発揮していた掟高制は、貞享四年（一六八七）にいったん廃止された。これは、福岡藩の支藩が家臣による年貢取り立てを継続しており、釣り合いが取れなかったためとされている。ただし、家臣間・百姓間の格差を生じさせないために、年貢率は村ごとに藩で決定し、農政も引き続き藩が行った。正徳三年（一七一三）には、家臣間格差の是正と藩財政の再建を掲げ、掟高制が再度、実施される。その後、一八世紀半ばにかけて、家臣の年貢取り立てを復活させたり、掟高制を導入したりといったことが繰り返され、元文五年（一七四〇）に掟高制が定着する。

〔5〕岡山藩

池田氏の岡山藩については、池田光政の改革が知られている。上原兼善氏の研究から紹介しよう［上原二〇一二］。

岡山藩の家臣は、寛永末年頃から困窮の末に致仕《ちし》（退職）し始める。そのため藩は、承応年間（一六五二―五五年）頃に、一部上知・城下屋敷返上による家臣在郷制を実施したり、銀を貸しつけたりして立て直しを図った。一方、家臣たちが百姓に「非道」をする状態を排除し、百姓を成り立たせるため、年貢率の一律決定、年貢徴収、農政などを藩で行う平均免《ならしめん》制を施行した。

こうした岡山藩の改革による地方知行制の形骸化は、百姓保護のためという要素が強い。これに家臣が従ったのは、領地支配にまつわる煩雑な手続きから解放され、一定の収入が保証されるため、結果として、家臣の利益にもなるからであったという。他藩と同様に、岡山藩でも、家臣の窮乏化と知行制の変容が密接に関係していたと言えるだろう。

以上、五つの藩の事例を見てきた。俸禄制の導入も地方知行制の形骸化も、大名が兵農分離の実現を目指していたというよりは、家臣の窮乏化や百姓の保護をきっかけとして実施されていた、とまとめることができるだろう。特に、家臣の側から領地返上を申し出る事例がある事実からは、領主としての活動を負担と考える家臣の意識の登場を読み取ることができる。この点、地方知行制が形骸化せずに、領主としての意識を持ち続けた土佐藩の家臣とは正反対であるように見えるが、彼らも自分たちでは領民を救えないため、藩に「御救」を求めており、家臣が領主としての限界を感じていたという面では通ずるものがあるのではないか。誤解をおそれずに言えば、藩が俸禄制を導入したり、家臣の領地支配を代替したりすることは、領地支配から解放されたい家臣たちの望みでもあったと言える。

近世の知行制はなぜ変わったのか

本章の内容をまとめよう。

織田政権期（あるいはそれ以前）から、大名は、関所廃止のような大名領内一律の政策や、百姓保護のために、家臣の領地支配を制限することが多かった。豊臣政権期には、政権から大名に課された軍役を家臣に強制するための統制も行われる。一方で、家臣保護のために支配権を認める事例もあった。これらを総合すると、豊臣期までの大名は、地方知行制を基本としながら、家臣・百姓の保護や軍役強制のために支配権を制限・認可していたと言える。

江戸時代になると、知行制が大きく変容するようになる。地方知行制が強固に残る例もあれば、それとは逆に形骸化する例、俸禄制に移行する例もあり、この三つのコースがそれぞれの藩によって独自に選ばれていった。これらはいずれも、一七世紀半ばまでに藩財政の悪化、百姓の疲弊、そして何よりも家臣の窮乏化を経験し、その対応として、さまざまな施策を行っていたことが共通点となっている。言い換えれば、江戸時代の知行制がたどった三つのコースは、いずれも藩・百姓・家臣を救うための改革だったのである。特に、家臣の窮乏化は大きな要因となっており、家臣が領主としての立場を放棄したがるような思想も生まれていた。藩は家臣を弱体化させるために知行制を転換した、と説明されることもあるが、少なくとも、江戸時代の家臣はその前から弱りきっていたのである。

こうした窮乏化の原因は、戦争や普請役といった役負担のほか、参勤交代、藩からの負担の転嫁、天災による収穫不良、そして城下町での生活コストなど多岐にわたる。特に、最後の城下町生活のコストは意外と大きかったものと思われ、熊沢蕃山らが記しているように、当時から大きな問題として認識されていた。それゆえに、城下町に居住する家臣を一定期間、村に住ませて生活コストを低減させる、在郷制が行われていたのである。

以上から見て、大名が兵農分離を目指したことによって、俸禄制の採用や地方知行制の形骸化などが行われたというような考え方は、無理があると言えるだろう。知行制の変容による家臣の非領主化と、それによって訪れる大名領内の一元的支配は、大名が望んで実現したというよりは、家臣窮乏化をはじめとする問題の解決策として、結果的に生じた状況なのであった。

終章　兵農分離の捉え方

兵農分離の特徴の再検証

本書では、七章にわたって、兵農分離をさまざまな側面から考えてきた。各章のまとめについては、すでに記しているため、改めて記すことはしない。本章では、これまで記してきたことを元に、兵農分離という概念について少し考えることとしたい。

まずは、本書の冒頭で紹介した、兵農分離の特徴についてである。本書では、兵農分離という概念を一つにまとめて考察するのではなく、個別の特徴を抽出して、それぞれについて考えてきた。特徴㋐～㋔の五点をあらためて掲載するとともに、本書の検討の結果から再考してみよう。

㋐兵が農民から専門家へ

戦国時代の軍隊では、兵は普段、村に住んで農業をしていて、戦争の時だけ出てきていたり、あるいは戦争の際に百姓が武装させられて兵として連れて行かれたりしていた。だが、兵農分離によって、専門の訓練された兵士だけで構成された軍隊が誕生した。

⇦

戦国時代に、村に住む武士・奉公人が多かったことは事実だが、兵として動員するのは正規の武士・奉公人と軍役衆であった。百姓を臨時動員することもあったが、領国の危機の時だけであり、おもな戦闘員ではなかった。こうした点は近世にも見られ、郷士が村に住んでいたし、臨時動員も行われていた。さらに近世には、百姓を武家奉公人の代わりとして勤めさせるタイプの役を賦課していた事例もある。よって、制度面で戦国期と近世の違いは意外と少ない。

㋑武士と百姓の土地所有形態の分離

戦国時代では、田畠を耕作したり、百姓と同様の土地所有を行ったりした武士が多かったが、兵農分離によって、武士は自ら農業生産にかかわることはなくなり、百姓的な土地権利である作職なども持たなくなる。

⇐

戦国期の武士については、通説どおりである。近世については、郷士が戦国期と類似した生活形態となっていた。郷士以外の一般の家臣は、転封などにより農業生産から切り離される者が多くなったことは事実である。ただし、農業生産に武士がかかわることが制限されたのは、職務の専念と百姓保護といった理由があったためであり、武士を田畠から切り離すためではない。脇坂安治などは、荒れ地であれば耕作しても良いとしている。

㋒武士の居住地の変化

戦国時代の武士は村に住む者が多かったが、兵農分離した近世では村への居住を禁止されて城下町に住むようになり、武士と百姓の居住区が分離された。さらには、武士は土地を直接支配することを否定され、給与のみ支給されるようになった。

⇐

豊臣政権や江戸幕府は武士の村への居住を禁止していない。しかし、近世ではさまざまな条件によって、武士が城下町に住むことが定着した。一方で、道番や郷士、土居付家老など、城下以外に住む武士も存在する。近世には、家臣が領地と切り離される俸禄制を採用する藩も多かったが、領地支配を許す地方知行制を採る藩もあり、一様ではない。

㋓百姓の武器所持否定

戦国時代では、村の地侍や一般の村人が刀や槍・弓を持って武装していることが多かったが、兵農分離によって、百姓は武装解除され、唯一武装できる武士が百姓を支配す

る体制となった。

近世では、百姓は特別に許可された場合以外は帯刀することが禁じられた。しかし、刀狩りによる没収は刀・脇差に集中しており、村にはさまざまな用途のため、鉄砲が存在していたから、百姓が武器を持っていなかったわけではない。⇐

㋔武士と百姓の身分分離

戦国時代では、武士と百姓の中間的な身分の者がおり、また相互の身分移動も多く起こっていたが、兵農分離によって、武士と百姓は見た目や所持品・服装が分かれ、また㋑㋒の点でも分けられて上下関係が確定し、両者の間での身分移動を禁止された。

武士・奉公人は戦闘員（軍役）、百姓は非戦闘員（陣夫役）と、役負担によって身分がはっきり区別されていたことは、戦国期も近世も同じである。近世では、帯刀権によって見た目による身分区別が進んだ。身分移動は禁じられておらず、郷士や奉公人は、百姓や町人を供給源としていた。⇐

このように見ると、兵農分離の特徴とされるもののうち、一部は戦国時代にも行われていたものであり、一部は近世でも行われていなかったと言える。したがって、兵農分離については、戦国時代と近世の両方でイメージを改める必要があるだろう。

たとえば、兵農分離をした近世の軍隊は、中世の軍隊よりも戦争に強い、という考え方について見てみよう。

身分別役負担と戦闘要員・非戦闘要員の関係に特化して考えてみると、武士・奉公人・百姓それぞれの戦争への参加の仕方が、戦国期と近世でそれほど違いはないから、両時代の軍隊を兵農分離の有無で分けるのは難しい。特に、江戸時代の郷士や奉公人の実態を考えれば、兵農分離した軍隊のイメージ自体に修正が必要となる。

次に、武士の城下町集住から軍隊の強化を説く見解について考えてみると、これは、城下町に住む武士は、村に住んでいた頃よりも訓練を受けて統制が取れていたはず、という前提で語られていると思われる。しかし、戦国期と近世の訓練の具体像や違いなどが十分に議論されているわけではないし、そもそも城下町に住まなければ技能が磨けないわけでもないだろう。現に、熊沢蕃山などは、武士は村に住んだほうが、足腰を鍛えられると考えていたのである。軍隊が出陣に要するスピードも強さと関連するが、近隣と抗争する戦国時代と、遠征が主となる豊臣期以後では、単純な比較はできない。仮に、戦国期よりも江戸時代の軍隊のほうが強くなっていたとすれば、それは城下集住のおかげというよりも、戦法や訓練、武具の発展によるものと見る余地があるのではないだろうか。

武士が領主階層の中心となって民衆を支配するという体制も、兵農分離という概念で捉えるのが妥当なのか、いま一度、考えてみる必要があるだろう。何もかもを、兵農分離という言葉で片づける段階からは、もう卒業しなければならない。

兵農分離政策はあったのか

続けて、兵農分離と呼ばれるような近世の状況がもたらされるきっかけとして、兵農分離政策（兵農分離の状態を目指して実施された政策）が存在していたのか否か、についてまとめたい。

結論から言えば、兵農分離状態の実現を目指した政策はほとんどなかったといえる。特に、兵農分離を推進したと言われてきた豊臣政権の政策は、ほとんどが評価を改めるべきである。検地や国替など、豊臣政権の政策は規模や詳細さなどの点で非常に画期的であり、高く評価しなければならない。これらの政策が、結果的に兵農分離を促したことも確かである。しかし、それらが兵農分離のための政策であったかと言われれば、否定せざるをえないのである。

武士・奉公人と百姓を帯刀権によって区別し、身分コードを確立させようとした刀狩令については、特徴㋔の点で兵農分離政策と呼べないことはない（兵農分離という枠組みよりも〝身分差明確化政策〟と呼ぶ方が適切である）。しかし、他の政策、たとえば天正一九年八月令や慶長三年国替令などは、別の目的で出されたものを、研究者側で特徴㋒や㋔を実現するための兵農分離政策だと解釈してしまっていたと言える。

統一政権が兵農分離政策を行っていなかったとしても、大名側の政策が兵農分離を目指していた可能性もある。ただ、それも同様に、研究者側が兵農分離政策だと見なしてしまっているだけで、実際は別目的の政策であるパターンがほとんどではないか。たとえば、城下町への集住についても、大名・藩の側がいくつかの理由で移住させようとする側面と、家臣側で城下町に居住しようとする側面があり、一部には郷士のような存在を村に置こうとする側面もあったから、大名ごとにさまざまな居住形態が生じた。こうした状況からは、中・近世移行期の大名たちが、武士・奉公人をすべて城下町に集住させることを目指し、政策を実施していたとはとても言えない。

兵農分離と呼ばれる状況のうち、城下集住と知行制転換について、豊臣・徳川といった統一政権の志向と、大名の志向、それに家臣側の志向から成立事情をまとめた概念図を掲載しておく。この図に示したように、城下集住や知行制転換について、豊臣政権や江戸幕府から直接的に下された命令はあまりない。これらは、大名と家臣の関係によって訪れた状況であると言える。しかし、その変化のきっかけとして、豊臣政権から大名への軍役の賦課、またそのための集権化の要求があったことは重要である。大名は自己でコントロールできない上

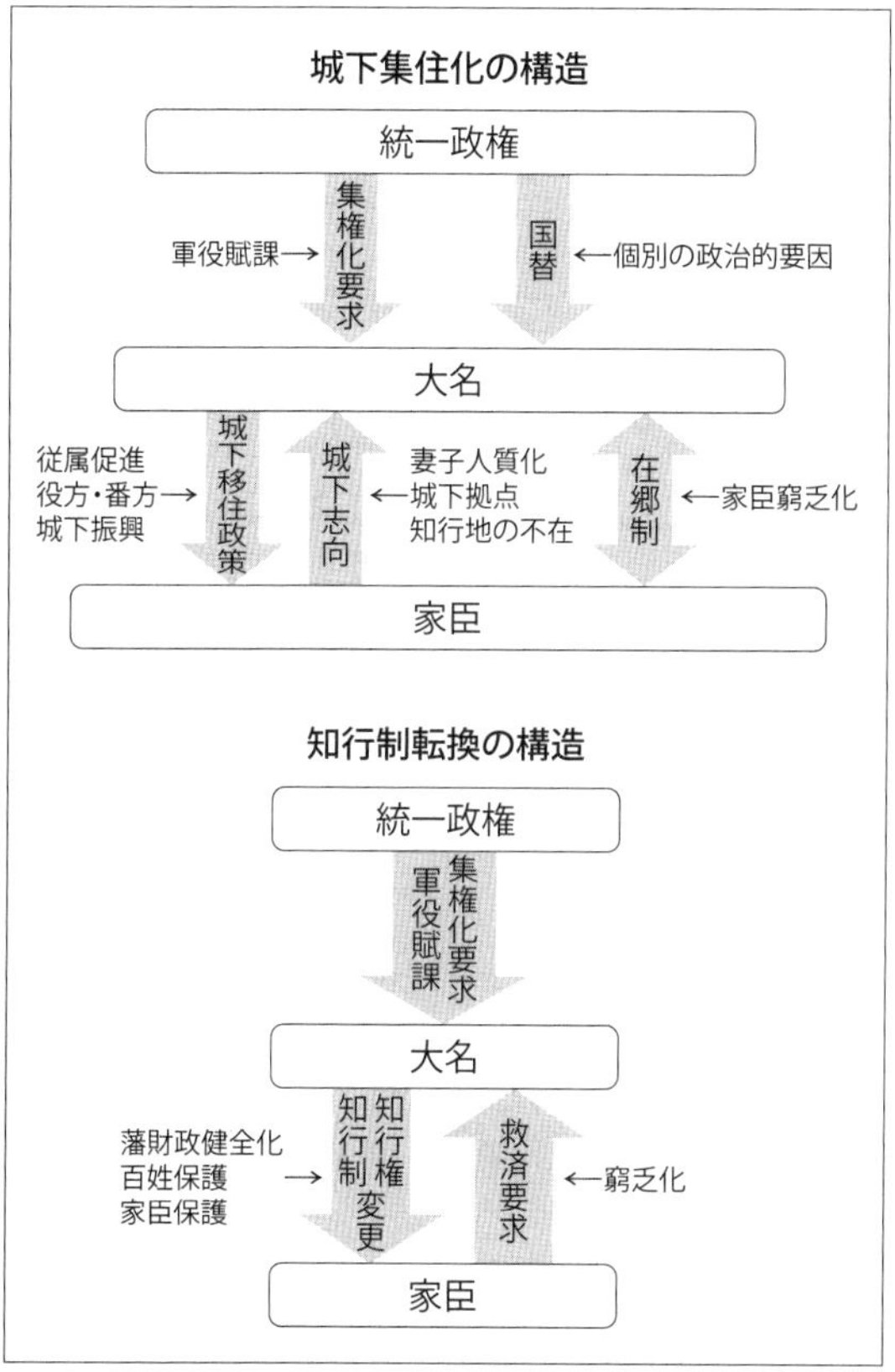

城下集住と知行制転換の構図

位権力からの要求に応じなければならず、そのために権力機構を整備したり、家臣や領民に負担を転嫁したり、逆に、彼らを救ったりするための政策を実行しなければならなかった。特に、知行制の転換は、上からの圧力と下からの救済要求が絡み合って進展していったことが明らかだろう。

大名が家臣や領民の生活を成り立たせようとする志向は、江戸時代の領主と百姓の関係における「御救」や「百姓成立《なりたち》」などが有名だが、戦国大名の段階から見え始めているともされる。戦国大名は、自己の領国を保全するため、領民の要求などを受けて、紛争の解決方法の整備や不当な課税の排除などを行い、支配の正当性を示していた［黒田二〇〇六など］。また、戦国大名は家臣同士の紛争を停止して裁判による解決法を推進し（喧嘩両成敗法）、それによって、領国内の安定をもたらすことで、家臣たちから支持を得ていたのであった。こうした自己規定が、戦国大名に自らの領国を「御国」と呼ばせるようになった。このような戦国時代の地域権力のあり方が、さまざまな変容（家臣領への直接介入など）がありながらも、豊臣政権期を経て江戸時代へとつながっていき、結果として、知行制への転換などが起きていったと言えるだろう。

なお、右に見た戦国大名の自己規定は、「御国」の危機だからみな立ち上がるべきだと称して、領民を動員する動きへとつながっていった。しかし、その目論見が領民に忌避されてしまったことは、第二章で説明した通りである。領民は大名から保護されることもあったが、大名側が身分別役負担を超えるような要求を始めた場合は、拒否する動きを示していたのである。また、家臣の領地支配を大名が規制しようとした背景には、しばしば行われそうになる恣意的な支配に対する領民の抵抗があった。地域権力の動向には、こうした中世後期の領民（およびその運動の拠点となった村落共同体）の成長が大きく影響を与えていたことも、また忘れてはならない［稲葉二〇〇三・二〇一三］。

兵農分離という現象

本書の検討をもとに、『兵農分離はあったのか』という本書のタイトルに対する筆者の考えを記せば、「兵農分離という状態は、結果的に近世のかなりの地域で生じたが、兵農分離を目指す政策はなかった」となる。

兵農分離の特徴のうち、㋐と㋓は戦国期と近世である程度、共通していたから除くとして、㋑・㋒・㋔の三点は、豊臣期の頃を境目として変化していた。となると、近世の兵農分離社会とは、この三点（土地所有・居住地・身分の分離）を特徴とする社会であったと言えなくもない。特に、㋔身分の分離に関しては、その状態を目指した政策の影響が大きいから、身分分離制度として捉えるべきかもしれない。ただ、㋑土地所有と㋒居住地に関しては、完全な分離を統一政権が指示していたわけではなく、大名たちも一律に目指したわけではないから、さまざまな条件のもとで発生した社会現象（とその定着）と言うべきであると思われる。近世の兵農分離社会とは、制度と社会現象の両面からできていたのである。それ故に、現象面では、兵農分離から外れる事例も数多かった（郷士や在郷制など）。

㋑と㋒のような兵農分離現象は、武士に視点を限れば、生活様式の変化であったとも言える。生活様式の変化とは、現代のことでたとえるならば、田舎の家に二〜三世代が同居していた時代から、仕事の関係で都市圏に家族が分散して核家族化していったり、晩婚化が進んで一人暮らしが増えたりといったものを想定している。あるいは、都市圏で働くある程度貯蓄のある人が、離れた地域にマイホームを建て、特急・新幹線で通勤する時代から、都心に近い地域のマンションを買ったり、賃貸物件に住んだりする時代になった、といったたとえでもいいかもしれない（なお、最近は自治体の補助金などにより新幹線通勤が盛り返しているらしい）。

住居以外では、食品の購入先が八百屋等→スーパーマーケット→コンビニエンスストア（→インターネット通販サイト？）と変化し、それに合わせて料理をしなくなり、弁当やインスタント食品中心の生活に変化することも、生活様式の変化と言える。

兵農分離という現象も、こうした変化と同じように捉えられるのではないかと思われるのである。

近代から現代にかけての生活様式は、交通手段（電車・車・飛行機）や通信手段（電話・インターネット）あるいは機器（コンピューター・スマートフォン）などの技術要因からの変化もあるが、労働形態（フレックスタイム・在宅勤務）や家族形態（核家族化・少子高齢化）あるいは自然（温暖化）などの環境要因による変化もある。それらは相まって変化する場合も多く、技術・環境の変化を目的とする政策もあるから、何が社会を変えていくのかを見極めることはそう簡単ではない。しかし、あえて兵農分離現象の要因を考えるならば、やはり環境要因が大きかったと言えるだろう。

特に、居住地については、環境要因による変化で説明しやすい。転封後の城下町居住は、転勤族が職場に近い社宅に住むようなものである（現代の社宅が、会社に近いかどうかはともかくとして）。職務のための城下町居住については、戦国期までに家臣たちが求められた戦争への参加に比べて、近世では城下町での仕事（役方・番方）が中心になったことが大きい。本書では詳しく検討できなかったが、戦国期と近世では家臣の数が減少している（代わりに家臣一人あたりの領地高の平均値は上がっている）と思われるため、なおさら職務のための城下居住率が高くなったであろう。また、妻子を城下の屋敷に住ませなければならなかったり、城下の屋敷が情報収集や家の経営の拠点となっていたりといった要素も、環境要因の変化と捉えることができる。逆に、環境の変化が比較的少なかった郷士たちは、戦国時代の軍役衆と類似した存在のままであった。

さらに言えば、右の環境が変化したきっかけも、社会全体の環境が変化したからとも言える。大名同士が隣国との戦争に警戒しなければならなかった時代に比べれば、豊臣期以後はそのリスクが減少している。一方で、統一政権からの命令で、遠隔地（特に海外）への遠征や、京都・江戸への参勤の機会が増えたから、組織もそれに適した形に変えなければならない。武士たちが自分の領地に住んで経営に専念することが難しくなったのは、こうした全体的な環境の変化が根本にあったのである。

環境要因によって城下町居住という生活様式の変化が引き起こされ、そこでの生活コストの増大が一因となって、家臣たちの窮乏化がもたらされた。そういった状況が、知行制の転換をもたらしていくことになる。そうなると、知行制の転換は、生活様式の変化によって引き起こされたと言えるのではないか。ちなみに、家臣たちの窮乏化をもたらした要因は、生活コストの他に、領民たちの生活を維持しようという大名側の動向もあった。さらに言えば、その大名の動向の元をたどると、領民の抵抗・反発に行き着く。村に住む百姓たちは、中世後期に起こる争いや災害のもとで、生存のために村落共同体（惣村）を作り、自治を行った。

それが、大名や家臣といった領主に対する、要求・抵抗の母体ともなっていたのである。また、こうした自治の伝統が、領主が遠隔地にいても、百姓が村を運営していける体制を生み出し、武士の城下町集住や非領主化を下支えしたとも言える。したがって、環境要因によって百姓の生活が変化し、それが大名・家臣に影響を与えて、知行制の転換をもたらしたという、やや長いスパンから変化を見ることもできるだろう。

生活様式の変化は、武士たちの考え方にも影響を与えた。領主として領地を経営すべきという考え方が残る一方で、領主であることを負担に感じる者も出てきたのである。こうした志向が武士たちに生まれたのは、自分の領地の経営に費やす時間よりも、城下町に住み、役方・番方として勤める時間や、大名に従って京都や江戸、そして戦場に赴く時間が圧倒的に増えたという生活実態が、大きな影響を与えたのではないかと思われる。武士の官僚化、あるいはサラリーマン化は、上からの政策による影響もあるが、生活様式の変化によって引き起こされた、彼ら自身の思想の変化もまた影響していたのである。熊沢蕃山のように、思い切って武士のあり方や領民との関係を変えることで、現状を打破しようとする思想家もいたが、結局、この現象は収まらなかった。

武士たちは、自ら兵農分離現象の流れに身を委ねていったのである。

おわりに

本書が、兵農分離をわかりやすく解説する本ではなく、兵農分離に対する疑問を筆者なりに考えてみた本になった経緯を記そう。もともとは、筆者の兵農分離観も、「兵農分離した大名は強いんだろう」という程度であった。ただ、大学に入り、大学院に進み、さらに特別研究員や大学教員としていろいろと研究していくうち、兵農分離という言葉があまりにも便利使いされすぎており、恣意的に用いられるレッテルにすらなっていることに違和感を持つようになった。そのため、兵農分離を推進したという豊臣秀吉や大名の政策について、彼らが何を考えて実施し、何を求めていたのか、一つひとつの史料の解釈のレベルから考え直すようになっていったのである。

そうして、兵農分離が強制されていた、あるいは支配のために必ず目指さなければならなかったといった考え方は改めるべきであり、兵農分離は「実現された」のではなく、「結果としてそうなった」のではないか、という本書の結論にたどりついた。こう考えることで、兵農分離から外れる近世の事例を、例外として捨て去ったり強引に兵農分離にあてはめたりするのではなく、近世社会の一形態として捉えられるようになるだろう。また、時代の特徴や変化について、今までは「兵農分離（あるいは兵農未分離）の時代だから」と説明して済ませてきたことも、その概念に縛られずにもっと柔軟に明らかにすることができるのではないかと思う。

この結論を一般化して言えば、社会は政治家によってすべてが設計されるのではなく、人々の営みが形作っていく部分もまた大きい、ということである。英雄や悪者から社会像を語るのも一つのあり方ではあるが、彼らを万能の存在として描いてしまっては、現在の我々が社会を構成しているという意識すら薄くなってしまいかねない。筆者に言われずとも、これまでの研究でも十分その点は考慮されているのだが、筆者は政治側の比率をさらに下げて兵農分離を捉えたのであった。

もちろん、本書で述べた兵農分離像に対しては、「やっぱりその政策は〇〇を目指していたのでは」とか「兵農分離の別の部分にこそ注目すべきじゃないか」など、さまざまな異論があるだろう。史料に基づいた異論であれば、それは有益な議論を呼ぶと思う。ただ、「筆者は長宗我部を事例として挙げているけど、単に遅れていたから兵農分離ができなかっただけじゃないの」とか「山内家臣はすでに兵農分離しているんだし、郷士はあくまでも特殊な事例だから除外していいでしょ」といった反応は、本書の内容を理解するどころか読んでもらいないいものであり、勘弁していただきたい。

近世社会といえば、身分制についてはさらに考えていく余地がある。たとえば、本書では武家奉公人を戦国期から江戸時代まで共通のものと見たが、近年藤井譲治氏は、豊臣政権が奉公人を新たな身分として創出したとし、彼らの軍事的役割が江戸時代になって消滅したとも述べ、奉公人の身分・性格が変化したと指摘している［藤井二〇一七］。また、近世身分制の成立については、政策面の他に、百姓・町人の動向が注目されており、今回の政策面の再検討をそうした在地の動向と掛け合わせることで、時代の転換をより豊かに見ることができるようになるだろう。

最後に、本書の成り立ちについて記しておこう。平凡社の坂田さんから初めてご連絡をいただいたのは去年（二〇一六年）の一月で、どうも他の研究者から「平井に何か書かせてみては」という推薦をいただいていたらしい。そして、筆者の研究成果をご覧になった坂田さんから、兵農分離についての執筆をご依頼いただいた。当初は新書という話であったが、そのうち今の形に変更となった。史料を載せながら解説するという書き方ができるようになったので、結果的には形式が変わってよかったのではないかと考えている。

なお、筆者は締め切りをできるだけ守ることを目標としているのだが、本書の依頼を受けた時期は別の著書の執筆の最終段階であり、他にも依頼原稿をいくつか抱えていたこともあって、書き上げるのが少し遅れてしまったことが、密かな反省点である（出版社からはちゃんと反省しろと言われるかもしれない）。二〇一五年に北海道から京都に引っ越して以来、いまだに暑さに慣れずいまいち筆が進まないとか、大学の仕事が多いとか（特に二学期は、土日の多くが入試やオープンキャンパス、研究会などで埋まって大変である）といった言い訳はいくつか思いつくものの、結局は筆者のスケジューリングの問題であることは言うまでもない。

多くの本の著者と同様に、筆者もまた、本書が多くの方の目に触れることを願っている。本書を一読した読者に、兵農分離とはなにかを考えていただくきっかけになったならば幸いである。

平井上総

二〇一七年七月二一日

主要参考文献

著書・論文

『国史大辞典』(吉川弘文館、一九七九―九七年)
秋澤繁「天正十九年豊臣政権による御前帳徴収について」(三鬼清一郎編『豊臣政権の研究』吉川弘文館、一九八四年、初出一九七七年)
同「近世」『佐川町史』上(佐川町役場、一九八二年)
同「土佐藩の地方知行制をめぐって――知行所墓序論」(『織豊期研究』三、二〇〇一年)
朝尾直弘「天正十二年の羽柴秀吉検地」『朝尾直弘著作集』三(岩波書店、二〇〇四年、初出一九八五年)
同「近世の身分とその変容」『朝尾直弘著作集』七(岩波書店、二〇〇四年、初出一九九二年)
池享「戦国・織豊期の沼津」『戦国期の地域社会と権力』(吉川弘文館、二〇一〇年、初出一九九三年)
同「天下統一と朝鮮侵略」(池享編『日本の時代史一三　天下統一と朝鮮侵略』吉川弘文館、二〇〇三年)
池上裕子「日本における近世社会の形成」『日本中近世移行期論』(校倉書房、二〇一二年、初出二〇〇六年)
石躍胤央「土佐藩における近世化政策の展開」『藩制成立期の研究』(石躍胤央先生退官記念事業実行委員会、一九九八年、初出一九五九・六〇年)

稲葉継陽「村の武力動員と陣夫役」『日本近世社会形成史論』（校倉書房、二〇〇九年、初出二〇〇一年）
同「兵農分離と侵略動員」『日本近世社会形成史論』（初出二〇〇三年）
同「平井報告批判」（『歴史学研究』九一三、二〇一三年）
上原兼善『「名君」の支配論理と藩社会』（清文堂出版、二〇一二年）
荻慎一郎「土佐藩における郷士」（山本大編『高知の研究』三、清文堂出版、一九八三年）
奥富敬之『日本人の名前の歴史』（新人物往来社、一九九九年）
尾下成敏「豊臣政権の九州平定策をめぐって」（『日本史研究』五八五、二〇一一年）
尾脇秀和「近世帯刀風俗の展開」（『風俗史学』六一、二〇一五年）
勝俣鎮夫「戦国大名検地の施行原則」『戦国法成立史論』（東京大学出版会、一九七九年、初出一九七六年A）
同「戦国法」『戦国法成立史論』（初出一九七六年B）
同「人掃令について」『戦国時代論』（岩波書店、一九九六年、初出一九九〇年）
金子拓「人掃令を読みなおす」（山本博文・堀新・曽根勇二編『消された秀吉の真実』柏書房、二〇一一年）
久留島典子「『人掃令』ノート」（永原慶二編『大名領国を歩く』吉川弘文館、一九九三年）
黒田基樹『百姓から見た戦国大名』（ちくま新書618、二〇〇六年）
小島道裕『戦国・織豊期の都市と地域』（青史出版、二〇〇五年）
小林清治「信長・秀吉権力の城郭政策」『秀吉権力の形成』（東京大学出版会、一九九四年、初出一九九三年）
小村弌『幕藩制成立史の基礎的研究』（吉川弘文館、一九八三年）

J・F・モリス「近世領主制試論」(J・F・モリス、白川部達夫、高野信治編『近世社会と知行制』思文閣出版、一九九九年)
戦国史研究会編『織田権力の領域支配』(岩田書院、二〇一一年)
千田嘉博「安土城」(千田嘉博編著『天下人の城』風媒社、二〇一二年)
高木昭作「いわゆる『身分法令』と『一季居』禁令」『日本近世国家史の研究』(岩波書店、一九九〇年、初出一九八四年)
高橋秀樹・三谷芳幸・村瀬信一『ここまで変わった日本史教科書』(吉川弘文館、二〇一六年)
田中稔「侍・凡下考」『鎌倉幕府御家人制度の研究』(吉川弘文館、一九九一年、初出一九七六年)
谷徹也「朝鮮出兵時の国内政策」(『ヒストリア』二五一、二〇一五年)
塚本学「農具としての鉄砲」『生類をめぐる政治』(平凡社、一九九三年、初版一九八三年)
塚田孝ほか編『身分的周縁』(部落問題研究所出版部、一九九四年)
豊田武『苗字の歴史』(中央公論社、一九七一年)
中野等・穴井綾香『柳川の歴史四　近世大名立花家』(柳川市、二〇一二年)
長屋隆幸「騎馬層形成政策に見る土佐藩郷士の武力編成過程」『近世の軍事・軍団と郷士たち』(清文堂出版、二〇一五年、初出二〇〇四年)
平井上総「豊臣期長宗我部氏の給人統制」『長宗我部氏の検地と権力構造』(校倉書房、二〇〇八年)
同「豊臣政権の国替令をめぐって」(『日本歴史』七七五、二〇一二年)
同「兵農分離政策論の現在」(『歴史評論』七五五、二〇一三年A)

同　「中近世移行期の地域権力と兵農分離」（『歴史学研究』九一一、二〇一三年B）
平尾道雄『土佐藩郷士記録』（高知市立市民図書館、一九六四年）
平山優『武田氏滅亡』（角川選書580　KADOKAWA、二〇一七年）
深谷克己「士農工商と近世身分制」（大橋幸泰・深谷克己編『〈江戸〉の人と身分6　身分論をひろげる』吉川弘文館、二〇一一年）
福田千鶴「近世地方知行制の存続意義について」（J・F・モリスら編『近世社会と知行制』）
藤井讓治「身分としての奉公人――その創出と消滅」（織豊期研究会編『織豊期研究の現在』岩田書院、二〇一七年）
同　編『織豊期主要人物居所集成』（思文閣出版、二〇一一年）
藤木久志『豊臣平和令と戦国社会』（東京大学出版会、一九八五年）
同　「村の動員」『村と領主の戦国世界』（東京大学出版会、一九九七年、初出一九九三年）
同　『刀狩り』（岩波新書965、二〇〇五年A）
同　『新版　雑兵たちの戦場』（朝日選書777、二〇〇五年B）
堀新「『士農工商』と近世の頂点身分」（大橋幸泰・深谷克己編『〈江戸〉の人と身分6　身分論をひろげる』）
松本寿三郎「肥後細川領の〝擬制的〟知行制」（『法文論叢　文科篇』三九〈史学篇〉、一九七七年）
松本四郎『城下町』（吉川弘文館、二〇一三年）
三鬼清一郎「人掃令をめぐって」『豊臣政権の法と朝鮮出兵』（青史出版、二〇一二年、初出一九七五年）

峯岸賢太郎「兵農分離と身分構成」『近世身分論』（校倉書房、一九八九年、初出一九八〇年）
宮崎克則「近世前期の給人財政と知行制変質」『大名権力と走り者の研究』（校倉書房、一九九五年、初出一九九一年）
森下徹『武家奉公人と労働社会』（山川出版社、二〇〇七年）
同『武士という身分』（吉川弘文館、二〇一二年）
山本英二「甲斐国『浪人』の意識と行動」（『歴史学研究』六一三、一九九〇年）
山本博文「刀狩令」『天下人の一級史料』（柏書房、二〇〇九年）
横田冬彦「豊臣政権と首都」（日本史研究会編『豊臣秀吉と京都』文理閣、二〇〇一年）
『近世の身分的周縁』（全六巻、吉川弘文館、二〇〇〇年）
『身分的周縁と近世社会』（全九巻、吉川弘文館、二〇〇六―〇八年）

史料（初出順）

個別史料

「地方凡例録」（大石慎三郎校訂『地方凡例録』上、東京堂出版、一九九五年）
「大学或問」（後藤陽一・友枝龍太郎校注『日本思想大系三〇　熊沢蕃山』岩波書店、一九七一年）
「旧藩情」（福沢諭吉『明治文学全集8　福沢諭吉集』筑摩書房、一九六六年）
「雑兵物語」（深井一郎編『雑兵物語研究と総索引』武蔵野書院、一九七三年）

「武州様法令」（藩法研究会編『藩法集1　岡山藩　下』創文社、一九五九年）
「勧農或問」（滝本誠一編『日本経済大典』三二、啓明社、一九三〇年）
「政談」（滝本誠一編『日本経済大典』九、啓明社、一九二八年）
「郷士録」（近世村落研究会編『近世村落自治史料集　第二集　土佐国地方史料』日本学術振興会、一九五六年）
『増補続史料大成　多聞院日記』（臨川書店、一九七八年）
『春日社司祐国記』東京大学史料編纂所蔵影写本
松岡司・山崎よし「史料紹介・仮題『佐川深尾領町方日記』」（『青山文庫紀要』一五、二〇〇七年）

自治体史

『山口県史』史料編近世2（山口県、二〇〇五年）
『山梨県史』資料編四（山梨県、一九九九年）
『新熊本市史』史料編三近世1（熊本市、一九九二年）
『熊本県史料』中世編五（熊本県、一九六六年）
『青森県史』資料編近世1（青森県、二〇〇一年）
『新修彦根市史』五、史料編古代・中世（彦根市、二〇〇一年）
『静岡県史』資料編9近世一（静岡県、一九九二年）
『会津若松史』八、史料編一（会津若松市、一九六七年）

『大社町史』史料編古代・中世下（大社町、一九九七年）
『和歌山市史』四、史料編〈古代・中世史料〉（和歌山市、一九七七年）
『福岡県史』近世史料編柳川藩初期（上）（福岡県、一九八六年）
『愛知県史』資料編12織豊2（愛知県、二〇〇七年）
『広島県史』近世資料編Ⅲ（広島県、一九七三年）
『愛媛県史』資料編近世上（愛媛県、一九八四年）
『茨城県史料』中世編Ⅳ（茨城県、一九九一年）

その他史料集

大分県教育委員会編『大分県史料　大友家文書録』（大分県中世文書研究会、一九七九―八一年）
滋賀県東浅井郡教育会編『東浅井郡志』四（日本資料刊行会、一九七五年）
『談山神社文書』（名著出版、一九八五年）
仲村研編『今堀日吉神社文書集成』（雄山閣出版、一九八一年）
奥野高広『増訂織田信長文書の研究』（吉川弘文館、一九八八年）
神戸大学文学部日本史研究室編『中川家文書』（臨川書店、一九八七年）
東京大学史料編纂所編『大日本史料』各巻（東京大学出版会、一九〇一年―　）
早稲田大学図書館編『早稲田大学所蔵荻野研究室収集文書』下巻（吉川弘文館、一九八〇年）
鹿児島県維新史料編さん所編『鹿児島県史料　薩藩旧記雑録』（鹿児島県、一九七九―八七年）

示野昇ほか編『長宗我部地検帳』（高知県立図書館、一九五七―六五年）
金井円校注『土芥寇讎記』（新人物往来社、一九八五年）
松田毅一・川崎桃太訳『フロイス日本史』普及版（中央公論社、一九八一―八二年）
奥野高広・岩沢愿彦校注『信長公記』（角川書店、一九六九年）
『土佐国群書類従』三（高知県立図書館、二〇〇〇年）

平井上総（ひらい　かずさ）

1980年北海道生まれ。2008年、北海道大学大学院文学研究科博士後期課程修了。博士（文学）。専門は日本中世史、日本中近世移行期史。日本学術振興会特別研究員（PD）、北海道大学大学院文学研究科助教を経て、現在、花園大学文学部准教授。著書に『長宗我部氏の検地と権力構造』（校倉書房）、『長宗我部元親・盛親――四国一篇に切随へ、恣に威勢を振ふ』（ミネルヴァ書房）、編著に『長宗我部元親』（戎光祥出版）、共著に『岩波講座　日本歴史　中世４』（岩波書店）などがある。

［中世から近世へ］

兵《へい》農《のう》分《ぶん》離《り》はあったのか

発行日	2017年９月25日　初版第１刷 2018年１月５日　初版第２刷
著者	平井上総
発行者	下中美都
発行所	株式会社平凡社 〒101-0051　東京都千代田区神田神保町3-29 電話（03）3230-6581［編集］（03）3230-6573［営業］ 振替　00180-0-29639 ホームページ　http://www.heibonsha.co.jp/
印刷・製本	株式会社東京印書館
DTP	平凡社制作

ISBN978-4-582-47734-4

NDC分類番号210.47　四六判（18.8cm）　総ページ312

落丁・乱丁本のお取り替えは小社読者サービス係まで直接お送りください（送料、小社負担）。